DEN VACKRA KOKBOKEN FÖR KOKBOKEN

Skäm bort dig med 100 söta fantasier med dekadenta läckerheter, livfulla smaker och delikata snurrar av fluffighet

Ingrid Nyberg

Copyright Material ©2024

Alla rättigheter förbehållna

Ingen del av denna bok får användas eller överföras i någon form eller på något sätt utan korrekt skriftligt medgivande från utgivaren och upphovsrättsinnehavaren, förutom korta citat som används i en recension. Den här boken bör inte betraktas som en ersättning för medicinsk, juridisk eller annan professionell rådgivning.

INNEHÅLLSFÖRTECKNING

INNEHÅLLSFÖRTECKNING **3**
INTRODUKTION **6**
HEMMAGD GODIS **7**
   1. Handdragen sockervadd 8
   2. Maskintillverkat sockervadd 10
FRUKOST **12**
   3. Sockervaddsmunk med glasyr 13
   4. Våfflor med sockervaddsglasyr 16
   5. Sockervadd frukost Parfait 18
   6. Soufflépannkaka i sockervadd 20
   7. Sockervaddsproteinpudding 23
   8. Sockervadd frukost bagel 25
   9. Sockervadd French Toast 27
   10. Sockervadd fyllda croissanter 29
   11. Sockervadd Yoghurt Parfait 31
   12. Frukost Sundaes 33
   13. Smoothieskål för sockervadd 35
   14. Sockervaddsfrukostcrepes 37
   15. Sockervaddsfrukostmuffins 39
   16. Sockervadd Mini Donuts 41
   17. Sockervaddspannkaka 44
   18. Sockervaddsfrukostsmoothie 46
   19. Sockervadd frukost Toast 48
   20. Sockervadd Frukost Havregrynsgröt 50
SNACKS **52**
   21. Sockervadd Cheesecake Pretzel Bites 53
   22. Sockervaddspopcorn 55
   23. Sockervadd Rice Krispie godis 57
   24. Sockervadd Whoopie Pies 59
   25. Sockervadd S'mores 61
   26. Sockervadd Puppy Chow 63
   27. Sockervadd Enhörningshorn 65
   28. Snackbollar för sockervadd 67
   29. Sockervadd Krispie Bars 69
   30. Sockervadd Cirkuskakor 72
   31. Sockervadd Pretzel Stavar 75
   32. Sockervadd Energy Bites 77
   33. Sockervadd Cake Pops 79
   34. Sockervadd Choklad Bark 81
   35. Sockervadd Chex Mix 83
   36. Sockervadd Granola Bars 85

37. SOCKERVADD MARSHMALLOW POPS 87
38. SOCKERVADD CHEESECAKE BARS 89
39. SOCKERVADDSFYLLDA KAKOR 91
40. SOCKERVADD MARSHMALLOW SPANNMÅL GODSAKER 93

DIPS 95
41. SOCKERVADDSDIP 96
42. SOCKERVADD MARSHMALLOW DIP 98
43. SOCKERVADD YOGHURT DIP 100
44. SOCKERVADD CHOKLAD DIP 102
45. SOCKERVADD FRUKTDIP 104
46. SOCKERVADD JORDNÖTSSMÖR DIP 106
47. SOCKERVADD VISPGRÄDDE DIP 108

EFTERRÄTT 110
48. SOCKERVADD ÉCLAIRS 111
49. SOCKERVADDSCUPCAKES 114
50. NO-CHURN SOCKERVADDSGLASS 117
51. SOCKERVADDSTÅRTA 119
52. SOCKERVADDSGLASS SMÖRGÅSAR 122
53. MARMORERAD SOCKERVADD 124
54. SOCKERVADDSKAKA SMÖRGÅSAR 126
55. SOCKERVADD MARSHMALLOW FUDGE 129
56. BLÅ SOCKERVADDSTÅRTA 131
57. SOCKERKAKOR FÖR SOCKERVADD 134
58. SOCKERVADD OREOTRYFFEL 136
59. SOCKERVADDSMACARONS 138
60. SOCKERVADD POKE CAKE 141
61. SOCKERVADDSKRÄM SMÄLTER 143
62. SOCKERVADDSMOUSSE 145
63. SOCKERVADD AFFOGATO 147
64. SOCKERVADD PANNA COTTA 149
65. SOCKERVADD RISPUDDING 151
66. SOCKERVADDSKRÄMPUFFAR 153
67. NYCKFULLA PASTELLFÄRGADE SOCKERVADDSÄPPLEN 155
68. SOCKERVADDSGLASSAR 158
69. SOCKERVADD DESSERT BURRITO 160
70. SOCKERVADDSPANNKAKA 162
71. SOCKERVADD 164
72. SOCKERVADDSTÅRTA 166
73. SOCKERVADD CHEESECAKE 168

FROSTNINGAR OCH GLASYR 171
74. SOCKERVADD GRÄDDOST FROSTING 172
75. SOCKERVADD SMÖRKRÄM FROSTING 174
76. SOCKERVADDSGLASYR 176

77. SOCKERVADD SWISS MARINGUE BUTTERCREAM 178
78. SOCKERVADDSGLASYR MED VIT CHOKLAD 180
79. SOCKERVADD ROYAL ICING 182
80. SOCKERVADD GANACHE 184
DRYCK 186
81. SOCKERVADD MARTINI 187
82. SOCKERVADD MARGARITA 189
83. SOCKERVADD MILKSHAKE SHOTS 191
84. SOCKERVADDSKAFFE 193
85. SOCKERVADD FRAPPUCCINO 195
86. BÄR SOCKERVADD COCKTAIL 197
87. CHERRY SOCKERVADD COCKTAIL 199
88. DRÖMMANDE COTTON CANDY MARTINI 201
89. FAIRY FLOSS MARTINI 203
90. SODA CANDY CREAM SODA 205
91. MOUSSERANDE SOCKERVADDSSPRIDARE 207
92. BLUE LAGOON SOCKERVADDSCOCKTAILS 209
93. SOCKERVADD VARM CHOKLAD 211
94. SOCKERVADD MILKSHAKE 213
95. SOCKERVADD SPARKLER 215
96. SOCKERVADD ANANAS LÄSK 217
97. SOCKERVADD ICED TEA 219
98. SOCKERVADD PUNCH 221
99. SOCKERVADD LEMONAD 223
100. SOCKERVADDSMOCKTAIL 225
SLUTSATS 227

INTRODUKTION

Välkommen till "DEN VACKRA KOKBOKEN FÖR KOKBOKEN: Unna dig i 100 Sugary Fantasies with Decadent Delights, Vibrant Flavors, and Delicate Spins of Fluffiness." Sockervadd, med sitt eteriska utseende och söta, smälta-i-mun-textur, har fängslat hjärtan och smaklökar i generationer. I den här nyckfulla kokboken bjuder vi in dig att ge dig ut på en resa genom ett sött underland, där varje recept lovar att förtrolla och glädjas.

Sockervadd är mer än bara en karnevalsgodis; det är en symbol för glädje, nostalgi och ren överseende. Med sina livfulla färger och delikata snurrar av fluffighet har sockervadd kraften att föra oss tillbaka till sorglösa barndomsdagar och framkalla känslor av lycka och förundran. I den här kokboken hyllar vi sockervadds magi och utforskar dess oändliga möjligheter i köket.

Från klassiska smaker som rosa vanilj och blå hallon till uppfinningsrika skapelser som lavendelsaft och vattenmelonmynta, recepten i denna kokbok visar upp sockervadds mångsidighet och dess förmåga att lyfta alla efterrätter till nya höjder. Oavsett om du är sugen på något lätt och fruktigt eller dekadent rikt och chokladaktigt, det finns en sockervaddsinspirerad godis för alla tillfällen och smakpreferenser.

Men den här kokboken är mer än bara en samling recept; det är en hyllning till kreativitet, fantasi och glädje av överseende. Oavsett om du är värd för en finurlig tefest, planerar ett festligt födelsedagsfirande eller helt enkelt unnar dig en söt njutning, kommer dessa recept garanterat att tillföra en touch av magi till alla tillfällen.

Så oavsett om du är en erfaren bagare som vill lägga till en nyckfull twist till din repertoar eller en nybörjare som vill utforska världen av sockervaddsinspirerade desserter, så har "DEN VACKRA KOKBOKEN FÖR KOKBOKEN" något för dig. Gör dig redo att skämma bort din sötsug och släppa loss ditt inre barn när vi reser genom en värld av söta fantasier och dekadenta nöjen.

HEMMAGD GODIS

1. Handdragen sockervadd

INGREDIENSER:
- 2 koppar socker
- ¼ kopp majssirap
- ½ tesked vinäger
- 1 kopp vatten
- Matfärg/extrakt efter eget val
- Mycket majsstärkelse för beläggning

INSTRUKTIONER:
a) Rensa en stor, ren yta där du ska arbeta.
b) Strö en rejäl mängd majsstärkelse på ytan för att förhindra sockervadd från att fastna.

GÖR SOCKERSIRAPEN:
c) I en kastrull, kombinera socker, majssirap, vinäger och vatten.
d) Värm blandningen på medelhög värme, rör om tills sockret löst sig.
e) När sockret har löst sig, sluta röra och låt blandningen koka upp.
f) Använd en godistermometer och värm sirapen tills den når hårdsprickningsstadiet (cirka 300°F eller 150°C).
g) Ta av sirapen från värmen och låt den svalna något.
h) Tillsätt matfärg eller extrakt efter eget val för att uppnå önskad färg och smak.

SNURRA SOCKET:
i) Doppa fingrarna på båda händerna i den färgade och smaksatta sirapen.
j) Håll händerna ovanför den förberedda ytan och snärta med fingrarna, låt sirapen snurra ut i tunna trådar.
k) Låt det spunna sockret falla på ytan och skapa en sockervaddsväv.

DRAG OCH FORM:
l) När tillräckligt med sockervadd har snurrats, använd händerna för att försiktigt dra och forma det till en större, fluffigare massa.
m) Fortsätt att dra och forma tills du uppnått önskad storlek och form.

SERVERA ELLER PACKA:
n) Samla ihop det utdragna sockervadd till fluffiga klasar.
o) Du kan servera den direkt eller paketera den i enskilda portioner för senare.

2.Maskintillverkat sockervadd

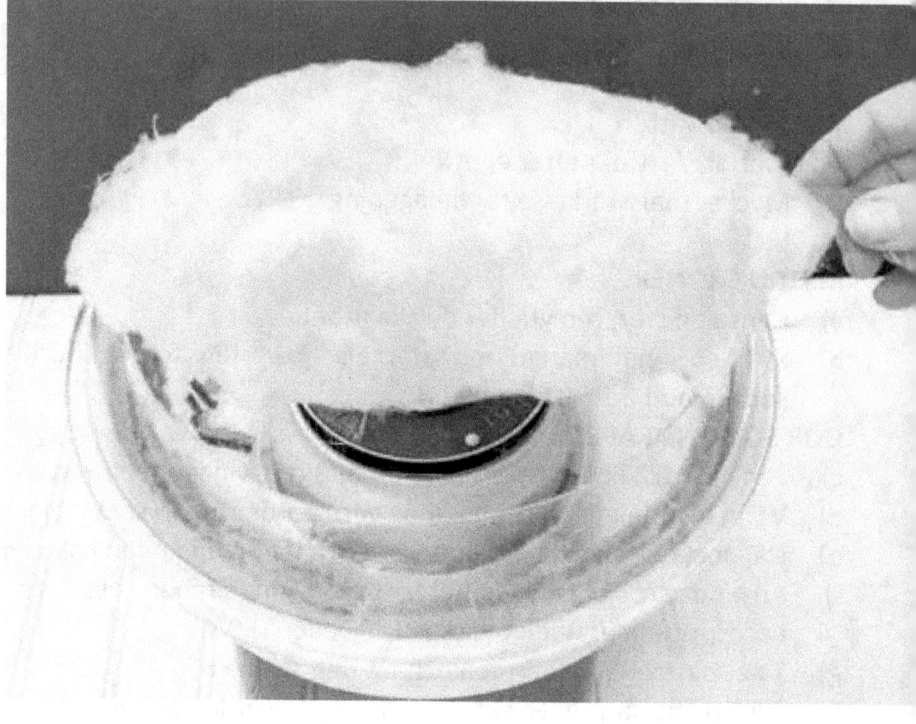

INGREDIENSER:
- Floss socker
- Hårt godis

INSTRUKTIONER:
a) Börja med att koppla in maskinen och låt den värmas upp i 5-10 minuter. För hårt godis räcker det med 5 minuters uppvärmning, medan tandtrådssocker kräver 10 minuter.
b) När den är tillräckligt uppvärmd, stäng av enheten och tillsätt antingen det hårda godiset eller tandtrådssockret till extraktionshuvudet. Två hårda godisar eller en skopa tandtrådssocker ska användas.
c) Slå på strömbrytaren igen och du kommer att observera den snabba bildningen av ömtåliga, mjuka bomullsbitar.
d) Håll en kon horisontellt över enhetens ovansida och rotera den kontinuerligt för att samla ihop bomullen.
e) Fortsätt vända tills du har samlat ihop all sockervadd.
f) Upprepa processen med ytterligare kottar eller fortsätt att lägga till samma kon för att skapa en rejäl sockervadd.

FRUKOST

3.Sockervaddsmunk med glasyr

INGREDIENSER:
FÖR BRIOCHE DONUTS DEG:
- 3 ½ koppar universalmjöl
- 1 msk snabbjäst
- ¼ kopp strösocker
- 1 matsked salt
- ¾ kopp helmjölk, värmd
- 2 stora ägg, rumstemp
- 2 tsk vaniljstångspasta eller extrakt
- 4 matskedar osaltat smör, i tärningar, rumstemp

FÖR VIT CHOKLAD GODSTYR:
- 1 dl vit choklad, hackad eller chips
- ¼ kopp tung grädde
- 1 msk osaltat smör, rumstemperatur
- ⅛ tesked sockervadd olja arom
- ¼ tesked fint salt
- 3-4 droppar rosa godisfärgning
- ¼ kopp strössel, till slut

INSTRUKTIONER:
FÖR BRIOCHE DONUTS DEG:
a) Blanda mjöl, jäst, socker och salt i en mixerskål. Vispa ihop tills det är väl blandat.
b) Värm mjölken försiktigt till 100 F. Kontrollera temperaturen med en termometer.
c) Vispa försiktigt ägg i mjölk, tillsätt vanilj och blanda med torra ingredienser.
d) Med en degkrok, blanda och knåda på låg till medelhastighet i 30 minuter.
e) Efter 30 minuter, fortsätt att blanda medan du tillsätter tärningar av rumsvarmt smör, en tärning eller två åt gången. Låt smöret blandas innan du tillsätter mer. Fortsätt tills allt smör är inkorporerat.
f) Låt blanda i ytterligare 10 minuter.
g) Ta bort degen, forma en lätt åtdragen boll, lägg i en lätt oljad skål, täck över och jäs i en timme.

h) Slå ner degen och vik som i steg 7.
i) Lägg tillbaka i skålen, täck med plastfolie och ställ i kylen över natten.
j) Efter minst 6 timmars kylning, rulla degen till en 12-tums runda. Återgå till kylen i 20 minuter.
k) Använd en mjölad munkfräs, tryck rakt ner för att skära munkarna. För över skurna munkar till bakplåtspapper på en plåt.
l) Täta i en varm, fuktig miljö i en timme.
m) Värm olja till 325 F. Sänk munkar försiktigt ner i oljan med bakplåtspapper för minimala störningar. Stek tills de är gyllene, vänd och låt rinna av.

FÖR GODIS VIT CHOKLAD DONUTS GLASUR:
n) Häll vit choklad, smör och en nypa salt i en mixerskål.
o) Värm grädden tills den ångar, häll över chokladen och låt stå i 5 minuter.
p) Tillsätt sockervaddsolja och blanda tills det är slätt. Lägg till godisfärgning om så önskas.
q) Doppa munkar i glasyr och avsluta med strössel. Hemgjord sockervadd är valfritt men härligt.

4.Våfflor med sockervaddsglasyr

INGREDIENSER:
- 3 ¼ kopp universalmjöl eller fullkornsmjöl
- 2 skopor proteinpulver, sockervadd
- 2 msk bakpulver
- 1 tsk salt
- 2 ¼ koppar mjölk
- 2 ägg
- 3 msk smör eller kokosolja, smält
- 3 valfria matfärger
- Spraya olja

INSTRUKTIONER:
a) Vispa de torra ingredienserna i en stor skål.
b) Tillsätt mjölk, ägg och smält smör (eller kokosolja) och vispa tills inga klumpar finns kvar.
c) Dela smeten i tre kvartsstora plastpåsar.
d) Tillsätt 4-5 droppar matfärg till varje påse, stäng den och blanda med händerna från påsens utsida tills du får en sammanhängande färg.
e) Upprepa för resten av påsarna/färgerna. Värm minivåffeljärnet och spraya med nonstick-spray.
f) Klipp ett litet hörn av varje påse och rör snirkliga linjer över ditt våffeljärn, upprepa med resten av färgerna.
g) Stäng toppen och koka bara tills smeten är fast. Du vill inte överkoka, annars blir färgerna bruna. Servera med färsk frukt!

5.Sockervadd frukost Parfait

INGREDIENSER:
- grekisk yoghurt
- Granola
- Färska bär
- Sockervadd

INSTRUKTIONER:
a) I ett glas eller en skål, lägg på grekisk yoghurt, granola, färska bär och små bitar sockervadd.
b) Upprepa lagren tills glaset eller skålen är fylld.
c) Toppa med ett extra stänk granola och en bit sockervadd.
d) Servera omedelbart och njut av din härliga sockervaddsfrukostparfait!

6.Soufflépannkaka i sockervadd

INGREDIENSER:
SOFFLE PANKAKA:
- 4 ägg, separerade
- ½ kopp strösocker, värmt
- Färgat socker
- ½ kopp mjöl
- 6 matskedar mjölk
- ¾ tesked bakpulver
- Olja, för stekning

GARNERING:
- Jordgubbar
- Blåbär
- Jordgubbssås

INSTRUKTIONER:

a) Vispa äggulorna i en stor bunke tills de blir bleka.
b) Tillsätt gradvis det varma strösockret till äggulorna, fortsätt att vispa tills blandningen är väl kombinerad och något tjocknat.
c) Strö färgat socker över ägguleblandningen och vänd försiktigt ner den, blanda in den jämnt.
d) Sikta i mjölet och vänd försiktigt ner det i ägguleblandningen tills det precis blandat sig.
e) I en separat skål, kombinera mjölken och bakpulvret. Tillsätt gradvis denna blandning till äggulesmeten, rör om tills den är slät.
f) I en annan ren, torr skål, vispa äggvitorna tills det bildas styva toppar.
g) Vänd försiktigt ner den vispade äggvitan i smeten, se till att den blir lätt och fluffig.
h) Värm en non-stick panna eller stekpanna på medel-låg värme och smörj lätt med olja.
i) Häll en del av smeten på pannan, skapa runda pannkakor. Koka tills kanterna börjar stelna och botten blir gyllenbrun.
j) Vänd försiktigt om pannkakorna och stek den andra sidan tills de är gyllenbruna och genomstekta.
k) Ta ut pannkakorna från pannan och stapla dem på ett serveringsfat.
l) Garnera med färska jordgubbar och blåbär och ringla över jordgubbssås för en extra smak.
m) Servera soufflepannkakor med bomullsgodis omedelbart och njut av den härliga kombinationen av fluffig konsistens och fruktig sötma.

7.Sockervaddsproteinpudding

INGREDIENSER:
- 11,2 uns gräddkanna med smak av sockervadd
- 2 matskedar proteinpulver med vaniljsmak
- 1 tsk rent vaniljextrakt
- ½ tesked rödbetskristaller (valfritt för färg)
- En nypa salt
- Sockerfritt munkfruktsötningsmedel (valfritt)
- ¼ kopp vita chiafrön
- Valfria pålägg: bär, sockervaddsdruvor, granola, kokoschips med matcha latte-smak, knapriga kakor eller pålägg som du föredrar

INSTRUKTIONER:
a) I en skål eller mixerbehållare, kombinera gräddkanna eller mjölk, proteinpulver, vaniljextrakt, rödbetskristaller och salt. Vispa eller blanda på hög tills den är ordentligt blandad. Söta efter din smak.
b) Tillsätt chiafrön och vispa eller pulsmixa tills de precis blandas. Alternativt, blanda helt om du föredrar en slätare puddingstruktur.
c) Överför blandningen i en skål eller dela den i engångsburkar och täck sedan över.
d) Låt det sitta i 10 minuter, vispa eller skaka sedan ordentligt, täck igen och ställ i kylen över natten.
e) På morgonen, rör om ordentligt och justera sötma och/eller mjölk för önskad smak och konsistens.
f) Servera kyld eller varm med dina favoritpålägg.
g) Rester kan förvaras i en lufttät behållare i kylen i 3 till 4 dagar.

8.Sockervadd frukost bagel

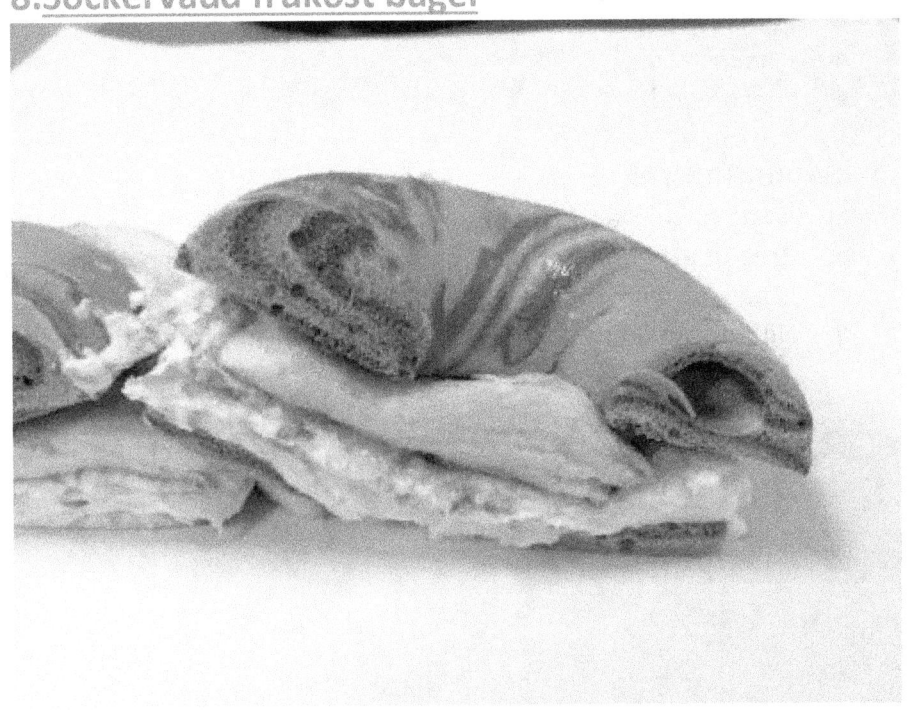

INGREDIENSER:
- Rainbow Bagels
- Färskost
- Sockervadd

INSTRUKTIONER:
a) Rosta bagelsna tills de når önskad nivå av krispighet.
b) Bred ut ett generöst lager färskost på varje rostad bagelhalva.
c) Lägg små bitar sockervadd ovanpå färskosten.
d) Njut av din unika och läckra sockervaddsfrukostbagel!

9. Sockervadd French Toast

INGREDIENSER:
- 4 skivor bröd (gärna brioche)
- 2 stora ägg
- ½ kopp mjölk
- 1 tsk vaniljextrakt
- ¼ tesked salt
- ¼ tesked mald kanel
- Sockervaddsarom eller extrakt (några droppar, efter smak)
- Sockervadd (för garnering)
- Lönnsirap (till servering)

INSTRUKTIONER:
a) I en grund skål, vispa ihop ägg, mjölk, vaniljextrakt, salt, mald kanel och några droppar sockervadd tills det är väl blandat.
b) Värm en non-stick stekpanna eller stekpanna på medelvärme.
c) Doppa varje brödskiva i äggblandningen och se till att båda sidorna är jämnt belagda.
d) Lägg de belagda brödskivorna på den heta stekpannan och stek tills de är gyllenbruna på båda sidor, cirka 2-3 minuter per sida.
e) När de är kokta överför du franska toastskivorna till serveringsfat.
f) Garnera varje skiva med en generös mängd sockervadd medan den franska toasten fortfarande är varm och låt den smälta något.
g) Ringla över lönnsirap för en extra touch av sötma.
h) Servera omedelbart och njut av din förtjusande sockervaddsfransk rostat bröd med en skur av sockervaddssmak!

10.Sockervadd fyllda croissanter

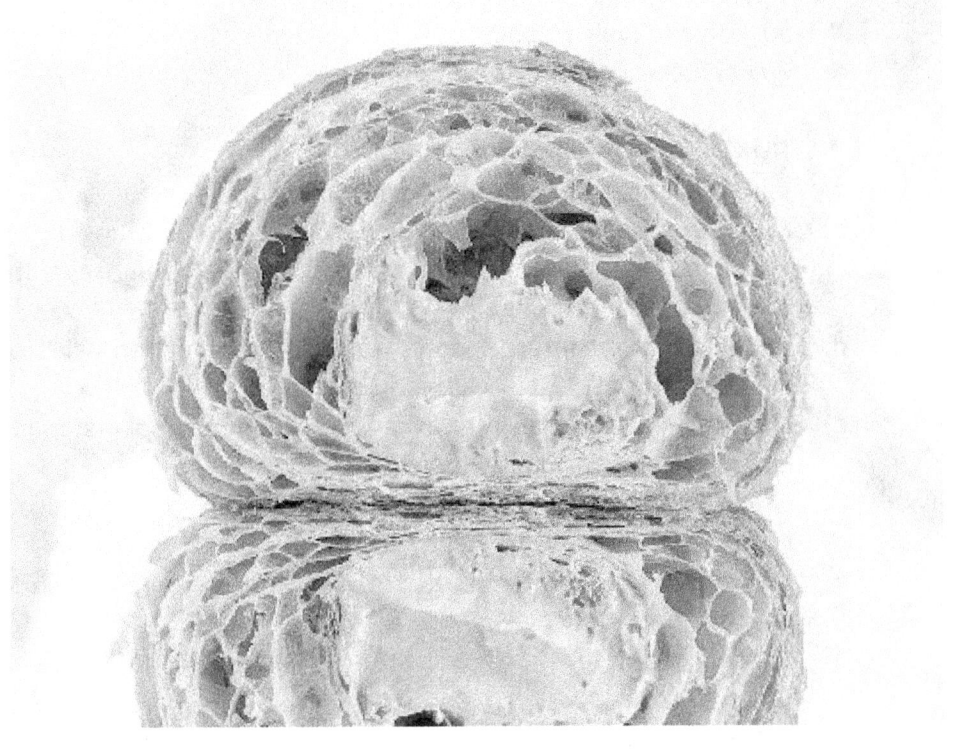

INGREDIENSER:
- 1 paket kyld croissantdeg
- Sockervadd (valfri smak)
- Pulversocker (valfritt, för att pudra)

INSTRUKTIONER:
a) Värm din ugn enligt anvisningarna på croissantdegsförpackningen.
b) Rulla ut croissantdegen och dela den i individuella trianglar.
c) Ta en liten mängd sockervadd och placera den i den breda änden av varje croissanttriangel.
d) Rulla ihop croissanterna, börja från den breda änden och stoppa in sidorna för att täta sockervadd inuti.
e) Lägg de fyllda croissanterna på en plåt klädd med bakplåtspapper, lämna lite mellanrum mellan varje.
f) Grädda gifflarna i den förvärmda ugnen enligt anvisningarna på förpackningen eller tills de är gyllenbruna.
g) När de är gräddade tar du ut croissanterna från ugnen och låter dem svalna något.
h) Valfritt: Pudra de fyllda croissanterna med strösocker för en extra touch av sötma.
i) Servera sockervaddsfyllda croissanter varma och njut av den sliskiga sockervaddsöverraskningen inuti!

11. Sockervadd Yoghurt Parfait

INGREDIENSER:
- 1 dl vaniljyoghurt
- Rosa sockervadd
- Blå sockervadd
- Graham kex, krossad

INSTRUKTIONER:
a) Ta ett serveringsglas eller skål för att montera din parfait.
b) Börja med att lägga ett lager vaniljyoghurt i botten av glaset.
c) Lägg en liten mängd krossade Graham-kex ovanpå yoghurten för att skapa en fin konsistens.
d) Lägg nu ett lager rosa sockervadd över Grahams kex och yoghurt.
e) Följ upp det med ytterligare ett lager vaniljyoghurt, för att säkerställa en jämn fördelning.
f) Strö mer krossade Graham-kex ovanpå det andra yoghurtlagret.
g) Lägg ett lager blått sockervadd över Graham-kexen.
h) Upprepa processen tills du når toppen av glaset, avsluta med ett sista lager sockervadd.
i) Eventuellt kan du garnera toppen med en liten bit sockervadd för en extra dekorativ touch.
j) Servera omedelbart och njut av din härliga bomullsgodisyoghurtparfait!

12. Frukost Sundaes

INGREDIENSER:
- 1 kopp Candy Candy Crunch flingor
- 1 dl vaniljyoghurt
- 1 kopp färska blandade bär (jordgubbar, blåbär, hallon)
- Vispgrädde
- 2 msk honung eller lönnsirap (valfritt)
- Strössel för garnering (valfritt)

INSTRUKTIONER:
a) Börja med att varva botten av din serveringsfat med en generös portion Cotton Candy Crunch flingor.
b) Häll ett lager vaniljyoghurt över flingorna, för att säkerställa en jämn fördelning.
c) Lägg ett lager blandade bär ovanpå yoghurten.
d) Upprepa lagren tills du når toppen av skålen, avsluta med ett sista lager av Cotton Candy Crunch flingor.
e) Dollop vispad grädde på toppen av varje fruktglass.
f) Om så önskas, ringla honung eller lönnsirap över den vispade grädden för extra sötma.
g) Garnera med strössel för en rolig och färgglad touch.
h) Servera omedelbart och njut av din ljuvliga frukostglass!

13.Smoothieskål för sockervadd

INGREDIENSER:
- 2 frysta bananer
- 1 kopp jordgubbar
- 1/2 dl mjölk eller mejerifritt alternativ
- Sockervaddssmaksättning eller riktig sockervadd
- Granola
- Färsk frukt (valfritt)

INSTRUKTIONER:
a) Blanda de frysta bananerna, jordgubbarna och mjölken i en mixer.
b) Mixa tills det är slätt.
c) Häll upp smoothien i en skål.
d) Toppa med bitar av sockervadd, granola och färsk frukt om så önskas.
e) Njut av din sockervaddsmoothie bowl!

14.Sockervaddsfrukostcrepes

INGREDIENSER:
- Crepe smet
- Färskost
- Sockervadd
- pulveriserat socker (valfritt)

INSTRUKTIONER:
a) Förbered crepesmeten enligt ditt favoritrecept.
b) Koka crepes i en non-stick panna.
c) När den är kokt, bred ett tunt lager färskost på varje crepe.
d) Strö små bitar sockervadd över färskosten.
e) Rulla ihop crepesna.
f) Pudra med strösocker om så önskas.
g) Servera och njut av dina sockervaddsfrukostcrepes!

15.Sockervaddsfrukostmuffins

INGREDIENSER:
- Muffinssmet (blåbär eller vanilj)
- Sockervadd

INSTRUKTIONER:
a) Förvärm ugnen enligt instruktionerna för muffinsreceptet.
b) Förbered muffinssmeten enligt anvisningarna.
c) Fyll varje muffinskopp till hälften med smet.
d) Placera en liten bit sockervadd i mitten av varje muffinskopp.
e) Lägg mer smet ovanpå för att täcka sockervadd.
f) Grädda enligt instruktionerna för muffinsreceptet.
g) När du har svalnat får du överraskningsmuffins fyllda med sockervadd till frukost!

16.Sockervadd Mini Donuts

INGREDIENSER:
FÖR DONUTS:
- 2 koppar sockervaddsockermix
- ¼ tesked bakpulver
- ⅛ tesked salt
- 2 ägg
- 3 matskedar vegetabilisk olja
- ⅓ kopp sockervadd grekisk yoghurt

FÖR GLASYREN:
- 5 matskedar mjölk
- ½ tsk vanilj
- 1 tsk sockervaddsblandning
- 2 koppar strösocker
- Strössel

INSTRUKTIONER:
FÖR DONUTS:
a) Värm ugnen till 375ºF och smörj en liten munkform med nonstickspray.
b) I en stor skål, vispa ihop sockerkaksblandningen, bakpulver och salt. Tillsätt äggen, oljan och yoghurten och rör om tills det blandas.
c) Häll smeten i en stor plastpåse med zip-top. Skär spetsen av ett av de nedre hörnen och fyll varje munkbehållare ungefär halvvägs.
d) Grädda i ugnen i 7-8 minuter eller tills munkar kommer tillbaka vid lätt beröring. Låt munkarna svalna i munkformen i 3 minuter innan de överförs till ett galler för att svalna helt.

FÖR GLASYREN:
e) Blanda mjölk, vanilj och smakblandning i en liten kastrull och värm på låg värme tills den är varm.
f) Sikta ner strösocker i mjölkblandningen. Vispa långsamt tills väl blandat.

ATT BYGGA IHOP:
g) Ta bort glasyren från värmen och ställ över en skål med varmt vatten.

h) Doppa munkarnas toppar i glasyren, en i taget, och ställ dem på ett galler med vaxpapper under för att fånga upp eventuella droppar. Toppa genast med strössel. Glasyren sätter sig på några sekunder, så se till att lägga till strösseln innan du doppar fler munkar.
i) Låt munkar stelna i 5 minuter innan servering.
j) Munkar håller sig fräscha och mjuka i en lufttät behållare i upp till 4 dagar.

17.Sockervaddspannkaka

INGREDIENSER:
- Pannkaksmix (eller hemgjord smet)
- Sockervadd
- lönnsirap

INSTRUKTIONER:
a) Förbered pannkakssmeten enligt paketets anvisningar eller ditt favoritrecept.
b) Stek pannkakor på en stekpanna eller stekpanna.
c) Stapla pannkakorna på en tallrik, lägg små bitar sockervadd mellan varje lager.
d) Ringla över lönnsirap.
e) Njut av din fluffiga sockervaddspannkakor!

18.Sockervaddsfrukostsmoothie

INGREDIENSER:
- 1 dl vaniljyoghurt
- 1/2 dl mjölk eller mejerifritt alternativ
- 1 dl frysta blandade bär
- 1/2 kopp sockervadd
- Isbitar

INSTRUKTIONER:
a) I en mixer, kombinera vaniljyoghurt, mjölk, frysta blandade bär, sockervadd och isbitar.
b) Mixa tills det är slätt och krämigt.
c) Häll upp i glas och servera genast.
d) Garnera med en liten bit sockervadd på kanten av varje glas om så önskas.

19. Sockervadd frukost Toast

INGREDIENSER:
- Skivat bröd
- Färskost
- Sockervadd

INSTRUKTIONER:
a) Rosta brödskivorna tills de är gyllenbruna.
b) Bred ut ett lager färskost på varje skiva rostat bröd.
c) Lägg små bitar sockervadd ovanpå färskosten.
d) Använd eventuellt en gaffel för att försiktigt trycka in sockervadd i färskosten för att hjälpa den att fastna.
e) Servera omedelbart och njut av din nyckfulla sockervaddsfrukosttoast!

20.Sockervadd Frukost Havregrynsgröt

INGREDIENSER:
- Havre
- Mjölk eller vatten
- Sockervadd

INSTRUKTIONER:
a) Koka havre enligt anvisningarna på förpackningen, använd mjölk eller vatten.
b) När havren är kokt, rör ner små bitar sockervadd tills de smälter och smälter in i havregrynen.
c) Låt havregrynen svalna något innan servering.
d) Toppa eventuellt med extra sockervadd för extra sötma.
e) Njut av din tröstande och överseende havregryn med sockervaddsfrukost!

SNACKS

21. Sockervadd Cheesecake Pretzel Bites

INGREDIENSER:
- 4 uns färskost, mjukad
- ½ tsk bubbelgum Frosting mix (eller 1 tsk jordgubbs Jello)
- ½ tsk sockervadd Frosting mix (eller 1 tsk bärblå Jello)
- 3 koppar strösocker
- Mini Pretzel Twists
- 1 kopp vita chokladchips, smält
- Rött, vitt och blått strössel (valfritt)

INSTRUKTIONER:
a) I en skål, kombinera hälften av färskosten, tuggummiblandningen och 1 ½ koppar strösocker. Vispa tills det bildar en deg.
b) I en annan skål, kombinera den andra hälften av färskosten, sockervaddsblandningen och det återstående strösockret. Vispa tills det bildar en deg.
c) Rulla den röda och blå degen till en-tums bollar och tryck varje boll mellan två kringlor. Hälften av kringlorna ska göras med den röda degen och hälften med den blå degen. Om degen är för mjuk att arbeta med, kyl den i ca 15-30 minuter innan du trycker den mellan kringlorna.
d) När kringlorna har satts ihop, ställ i kylen i cirka 30 minuter.
e) Doppa hälften av varje kringla i den smälta vita chokladen och lägg sedan på strösseln ovanpå.
f) Låt chokladen stelna (du kan kyla om du vill) och förvara kringlabitarna i en lufttät behållare.

22. Sockervaddspopcorn

INGREDIENSER:
- 16-ounce paket av marshmallow eller vaniljgodis smälter
- 12 koppar poppade popcorn, uppdelade
- ¼ kopp strössel
- 2 dl sockervadd, riven i små bitar
- 3 uns blått godis smälter
- 3 uns rosa godis smälter

INSTRUKTIONER:
a) Smält marshmallow eller vaniljgodis smälter:
b) I en mikrovågssäker skål, följ instruktionerna på förpackningen för att smälta marshmallow eller vaniljgodis.
c) Placera 8 koppar poppad popcorn i en stor skål.
d) Häll den smälta marshmallowbeläggningen över popcornen, rör om tills varje kärna är jämnt belagd.
e) Blanda försiktigt sönderrivna sockervaddsbitar i de belagda popcornen, vilket säkerställer en härlig fördelning överallt.
f) Bred ut de sockervaddsbelagda popcornen på en bakplåtspappersklädd plåt och strö generöst över ditt favoritströssel. Låt popcornen svalna, skapa en perfekt sammansmältning av texturer.
g) Smält den blå och rosa godisöverdraget i två separata skålar.
h) Dela de återstående 4 kopparna popcorn lika mellan två skålar, placera 2 koppar i varje.
i) Häll det blå godisöverdraget över popcornen i ena skålen och det rosa överdraget över popcornen i den andra. Rör om tills varje popcornkärna är ordentligt belagd.
j) Bred ut de blå och rosa belagda popcornen på separata klädda bakplåtar, låt dem svalna och stelna.
k) Kombinera de vita, rosa och blå popcornvarianterna till en harmonisk blandning som utlovar en explosion av smak i varje tugga.

23.Sockervadd Rice Krispie godis

INGREDIENSER:
- 3 matskedar osaltat smör
- 1 10-ounce förpackning Mini marshmallows
- 1 1,5-ounce behållare med rosa sockervadd
- 6 koppar flingor av typen Rice Krispies
- Rosa, röda och vita strössel

INSTRUKTIONER:
a) Klä en 9 x 13 plåt eller bakplåt med bakplåtspapper.
b) Hetta upp smöret i en stor kastrull på medel-låg värme. När smöret smält, tillsätt marshmallows. Rör hela tiden tills marshmallows har smält.
c) Ta bort kastrullen från spishällen. Sänk värmen till låg och tillsätt sockervadd i mycket små bitar, rör om mellan varje tillsats. Rör om tills allt sockervadd har smält.
d) Tillsätt flingorna i pannan och rör om tills alla ingredienser är väl kombinerade.
e) Fördela flingblandningen över pannan. Tryck ut blandningen i pannan tills den blir fast.
f) Dekorera med strössel och använd handen för att trycka in strösseln i Rice Krispie-godsakerna om så önskas.
g) Låt godsakerna svalna helt, cirka 30 minuter, innan du skär dem i stänger.

24. Sockervadd Whoopie Pies

INGREDIENSER:
- 1 konfetti kakmix
- ½ kopp osaltat smör, smält
- 1 stort ägg
- 1 burk Frosting Creations Frosting Starter
- 1 paket Sockervadd smakblandning

INSTRUKTIONER:
a) Värm ugnen till 350 grader.
b) I en mixerskål, kombinera kakmixen, smält smör och ägg tills en mjuk deg bildas. Kyl degen i 20-30 minuter.
c) Rulla degen till 1-tums bollar och grädda i 9 minuter. Kyl på galler. Detta recept ger 48 kakor.
d) Rör ihop Frosting Starter och Sockervaddssmakspaketet.
e) Lägg ut 24 kakor upp och ner. Lägg en sked frosting på kakorna och toppa med de återstående 24 kakorna.
f) Förvara i en försluten behållare på bänken i 4-5 dagar.

25.Sockervadd S'mores

INGREDIENSER:
- Marshmallows eller Marshmallow Fluff
- Sockervadd
- Graham Crackers
- Strössel

INSTRUKTIONER:

a) Om du använder marshmallows, rosta dem över öppen låga tills de är gyllenbruna och sliskiga. Om du använder marshmallowfluff kan du sprida det direkt på grahamsbrödet.

b) Ta en bit sockervadd och lägg den ovanpå den rostade marshmallowen eller marshmallowfluffen.

c) Tryck försiktigt en annan grahams kex ovanpå för att skapa en smörgås.

d) Valfritt, rulla kanterna på sockervadd i strössel för extra färg och sötma.

26. Sockervadd Puppy Chow

INGREDIENSER:
- 9 koppar Chex flingor (ris, majs eller en blandning)
- 1 kopp vita chokladchips
- ½ kopp krämigt jordnötssmör
- ¼ kopp osaltat smör
- 1 tsk vaniljextrakt
- 1 ½ dl strösocker
- 1 ½ koppar sockervadd (delat i små bitar)

INSTRUKTIONER:
a) Mät upp Chex-flingorna i en stor skål och ställ åt sidan.
b) Kombinera de vita chokladchipsen, jordnötssmöret och smöret i en mikrovågssäker skål. Mikrovågsugn i 30-sekunders intervall, rör om mellan varje, tills smält och slät.
c) Rör ner vaniljextraktet i den smälta blandningen.
d) Häll den smälta blandningen över Chex-flingorna, vik försiktigt tills flingorna är jämnt belagda.
e) Tillsätt strösockret i en stor plastpåse.
f) Överför den belagda Chex flingorna i påsen med strösocker, förslut påsen och skaka tills flingorna är väl belagda.
g) Bred ut de strösockerbelagda flingorna på en plåt med bakplåtspapper för att svalna.
h) När flingblandningen har svalnat, släng i sockervaddsbitarna, se till att de är jämnt fördelade.
i) Låt valpmat stelna helt innan servering.
j) Förvara i en lufttät behållare.

27.Sockervadd Enhörningshorn

INGREDIENSER:
- Sockervadd (assorterade färger)
- Vita chokladchips eller godis smälter
- Ätbart glitter eller strössel (valfritt)

INSTRUKTIONER:

a) Ta en liten mängd sockervadd och rulla den till en tunn, långsträckt form för att bilda enhörningshornet. Upprepa med olika färger om du vill ha en flerfärgad effekt.

b) Smält de vita chokladchipsen eller godissmältorna enligt anvisningarna på förpackningen.

c) Doppa basen av varje sockervaddshorn i den smälta vita chokladen för att skapa en solid och stabil bas.

d) Om så önskas, strö ätbart glitter eller färgglada strössel på den blöta chokladen för extra dekoration.

e) Lägg enhörningshornen på en bakplåtspappersklädd bricka eller tallrik och låt chokladen stelna och stelna.

f) När chokladen har stelnat är dina enhörningshorn för bomullsgodis redo att avnjutas!

28. Snackbollar för sockervadd

INGREDIENSER:
- 2 dl flingor med smak av sockervadd (som Cotton Candy Crunch)
- 1 kopp marshmallows
- 2 msk osaltat smör
- ½ kopp sockervadd (för extra smak och dekoration)
- Strössel (valfritt, för ytterligare dekoration)

INSTRUKTIONER:
a) Mät upp 2 koppar sockervadd med flingor i en stor blandningsskål. Avsätta.
b) I en mikrovågssäker skål, kombinera marshmallows och osaltat smör. Mikrovågsugn i 30-sekunders intervall, rör om emellan, tills marshmallows är helt smält och väl kombinerad med smöret.
c) Häll den smälta marshmallowblandningen över flingorna med sockervaddssmak och rör snabbt om tills flingorna är jämnt belagda.
d) Låt blandningen svalna något, men inte helt, då du vill att den ska vara smidig för att forma till bollar.
e) Använd smörade händer eller händer belagda med matlagningsspray för att förhindra att den fastnar, forma blandningen till små bollar. Om så önskas, sätt in en liten bit sockervadd i mitten av varje boll för en extra smak.
f) Valfritt: Rulla sockervaddssnackbollarna i ytterligare sockervadd eller strössel för dekoration.
g) Lägg snacksbollarna på en bakplåtspappersklädd plåt, låt dem svalna och ställ in dem helt.
h) När de är färdigställda är dina sockervaddssnackbollar redo att avnjutas!

29. Sockervadd Krispie Bars

INGREDIENSER:
- 4 msk saltat smör plus ytterligare 1/2 msk för att smörja pannan
- 10 uns påsar marshmallows/mini marshmallows
- 3 koppar Rice Krispie Cereal
- 3 koppar sockervadd plus 1/2 kopp extra för topping
- 1/2 kopp vita chokladchips
- 1 tsk kokosolja

INSTRUKTIONER:

a) I 8×8 tums bakform, smörj med smör eller klä med bakplåtspapper. Om du använder bakplåtspapper, smörj pergamentet lätt med nonstick-spray. Avsätta.

b) Tillsätt Rice Krispie Cereal i en stor skål och ställ åt sidan.

c) Smält smöret på medelhög värme i en mycket stor gryta eller en non-stick panna. När det smält, tillsätt marshmallows. Rör om blandningen med en gummispatel eller träslev tills marshmallows är helt smält.

d) Ta bort från värmen och ös sedan omedelbart ut hälften av blandningen i Rice Krispie Bowl och vik ihop med spateln. Se till att varje bit flingor är belagd med marshmallowblandningen. [Det kommer att bli väldigt klibbigt]

e) Torka sedan av överskottet och vänd sedan ner flingorna Cap'n Crunch i blandningen i pannan. Återigen, se till att varje bit fling är belagd med marshmallowblandningen.

f) Överför Rice Krispie-blandningen till den förberedda pannan. Använd en gummispatel (det hjälper lätt att smörja det), sprid försiktigt ut blandningen så att den passar pannan. Smörj baksidan av en platt spatel lätt och tryck mycket försiktigt ner blandningen i pannan. Packa inte ner den med våld, tryck bara lätt nedåt så att den sitter säkert i pannan.

g) Gör samma sak för Cap'n Crunch-blandningen och på den där toppen. Lägg återstående Cap'n Crunch Cereal (1/2 kopp) ovanpå för att täcka eventuella luckor och tryck lätt nedåt. Video här

h) Låt godsakerna stelna i minst 1 timme i rumstemperatur och upp till 1 dag. Täck ordentligt om den lämnas ute i mer än några timmar.

i) Lyft upp rice krispie-godsakerna som helhet ur pannan med hjälp av bakplåtspapper.
j) Om du använder smörpannametoden. Använd en liten skärbräda eller platt tallrik och lägg den med framsidan nedåt ovanpå mannen. Vänd sedan pannan upp och ner och ta bort pannan som släpper godbiten. Lägg sedan en annan skärbräda eller tallrik ovanpå och vänd igen.
k) Skär i rutor nio kvadrat. [Titta på steg för steg-bilder för att se hur man gör det jämnt]
l) I en liten skål för mikrovågsugn, tillsätt medan chokladchips och kokosolja. Mikrovågsugn sedan i 30 sekunder till 1 minut. Använd en liten tesked och rör om tills helt smält.
m) Använd en tesked, ringla varje bar i ett sicksackmönster. [Titta på bilderna nedan] Video här
n) Täck över och förvara överblivna godsaker i rumstemperatur i upp till 3 dagar. För förvaring, lägg i lager mellan ark av pergament eller vaxpapper.

30.Sockervadd Cirkuskakor

INGREDIENSER:
FÖR SOCKERDEG:
- 2 koppar universalmjöl
- 1 kopp sockervadd (färgat socker)
- 1 kopp osaltat smör, mjukat
- 1 kopp vita chokladchips

FÖR FYLLNING:
- Sockervadd för stoppning (assorterade färger)
- Frostade djurkex

FÖR FROSTNING:
- 1 kopp strösocker
- 2 msk osaltat smör, mjukat
- 2 msk mjölk
- ½ tesked vaniljextrakt
- Färgat strössel (valfritt, för dekoration)

INSTRUKTIONER:

FÖRBERED SOCKERDEG:
a) I en bunke, grädda ihop mjukt smör och sockervadd tills det är väl blandat.
b) Tillsätt gradvis mjölet, blanda tills en deg bildas.
c) Vänd ner de vita chokladbitarna.
d) Dela degen i lika stora delar och forma dem till rundlar. Kyl i cirka 30 minuter.
e) Värm ugnen till 350°F (180°C).

SÄTTA OCH GÄRNA:
f) Ta varje kyld deg runt och platta ut den. Placera en liten mängd sockervadd i mitten och vik ihop degen för att omsluta sockervadd.
g) Lägg den fyllda degen på en plåt klädd med bakplåtspapper.
h) Grädda i 10-12 minuter eller tills kanterna är lätt gyllene. Låt dem svalna helt.

FÖRBERED FROSTNING:
i) I en skål, vispa ihop strösocker, mjukt smör, mjölk och vaniljextrakt tills det är slätt.

FROST OCH PYNT:
j) När kakorna har svalnat, bred glasyren över toppen av varje kaka.
k) Dekorera med färgat strössel för en festlig touch.

LÄGG TILL FROSTAD DJURKÄCK:
l) Tryck försiktigt frostade djurkex i frostingen ovanpå varje kaka.
m) Låt frostingen stelna och njut.

31. Sockervadd Pretzel Stavar

INGREDIENSER:
- Kringla stavar
- Vita chokladchips
- Sockervadd

INSTRUKTIONER:
a) Smält vita chokladchips i en mikrovågssäker skål enligt anvisningarna på förpackningen.
b) Doppa varje kringelstav i den smälta chokladen och täcker cirka 3/4 av staven.
c) Strö omedelbart krossad sockervadd över den chokladtäckta delen av kringelstaven.
d) Lägg kringelstavarna på en bakplåtspappersklädd plåt och låt chokladen stelna.
e) När chokladen har stelnat är dina sockervaddskringlor redo att njuta av!

32. Sockervadd Energy Bites

INGREDIENSER:
- 1 dl gammaldags havre
- 1/2 kopp krämigt jordnötssmör
- 1/4 kopp honung
- 1/4 kopp malda linfrö
- 1/4 kopp mini chokladchips
- 1/4 kopp krossad sockervadd
- 1 tsk vaniljextrakt

INSTRUKTIONER:
a) I en blandningsskål, kombinera havre, jordnötssmör, honung, malda linfrö, chokladchips, krossad sockervadd och vaniljextrakt.
b) Rör om tills det är väl blandat.
c) Rulla blandningen till små bollar, ca 1 tum i diameter.
d) Lägg bollarna på en plåt klädd med bakplåtspapper.
e) Ställ i kylen i minst 30 minuter så att energibitarna stelnar.

33.Sockervadd Cake Pops

INGREDIENSER:
- 1 box cake mix (valfri smak)
- Ingredienser som krävs för kakmix (ägg, olja, vatten)
- Frosting (valfri smak)
- Sockervadd
- Lollipop pinnar
- Candy melts eller chokladchips (valfritt)

INSTRUKTIONER:
a) Förbered kakmixen enligt anvisningarna på kartongen.
b) När kakan har gräddats och svalnat smulas den i en stor skål.
c) Tillsätt frosting till den smulade kakan och blanda tills den är väl kombinerad och blandningen håller ihop.
d) Rulla blandningen till små bollar och stick in en klubba i varje boll.
e) Smält candy melts eller chokladchips (om du använder dem) och doppa varje cake pop i den smälta beläggningen, låt överskottet droppa av.
f) Medan beläggningen fortfarande är våt, strö krossad sockervadd över cake pops.
g) Lägg cake pops upprätt i en ställning eller på en plåt klädd med bakplåtspapper för att beläggningen ska stelna.
h) När du har satt dig är dina sockervaddskaka redo att njuta av!

34.Sockervadd Choklad Bark

INGREDIENSER:
- 12 oz vit choklad, hackad
- Sockervaddssmaksättande sirap
- Sockervadd till garnering
- Käglor eller M&Ms

INSTRUKTIONER:
a) Klä en plåt med bakplåtspapper.
b) I en mikrovågssäker skål, smält den vita chokladen i 30-sekundersintervaller, rör om mellan varje intervall, tills den är slät.
c) Rör i sockervaddssmaksättningssirapen tills den är helt införlivad.
d) Häll den smälta chokladen på den förberedda plåten och fördela den jämnt.
e) Strö krossade bitar av sockervadd och käglor eller M&M'S över den smälta chokladen.
f) Kyl i 1-2 timmar, eller tills den stelnat.
g) När den stelnat, bryt barken i bitar och servera.

35. Sockervadd Chex Mix

INGREDIENSER:

- 4 koppar Chex flingor (valfri sort)
- 1 kopp kringla pinnar
- 1 kopp mini marshmallows
- 1/2 kopp vita chokladchips
- 1/4 kopp sockervadd

INSTRUKTIONER:

a) I en stor blandningsskål, kombinera Chex-flingor, kringelstavar och minimarshmallows.
b) Smält vita chokladchips i en mikrovågssäker skål enligt anvisningarna på förpackningen.
c) Häll den smälta vita chokladen över flingblandningen och rör tills den är jämnt täckt.
d) Strö krossad sockervadd över blandningen och rör försiktigt för att fördela.
e) Bred ut blandningen på en plåt klädd med bakplåtspapper och låt den svalna och stelna.
f) När du är färdig, bryt Chex-mixen i bitar och njut av din söta och knapriga sockervadd Chex-mix!

36. Sockervadd Granola Bars

INGREDIENSER:

- 2 dl gammaldags havre
- 1 kopp krispiga risflingor
- 1/2 kopp honung
- 1/2 kopp krämigt jordnötssmör
- 1/4 kopp krossad sockervadd
- 1/4 kopp mini chokladchips

INSTRUKTIONER:

a) I en stor blandningsskål, kombinera havre och krispiga risflingor.
b) Värm honung och jordnötssmör på låg värme i en liten kastrull tills det smält och väl blandat.
c) Häll jordnötssmörblandningen över havre- och flingblandningen och rör om tills den är jämnt täckt.
d) Rör ner krossad sockervadd och minichokladchips.
e) Tryck ut blandningen ordentligt i en klädd ugnsform och ställ i kylen i minst 1 timme för att stelna.
f) När du har stelnat, skär du i stänger och njut av dina hemgjorda sockervaddsgranolastänger!

37.Sockervadd Marshmallow Pops

INGREDIENSER:
- Stora marshmallows
- Sockervadd
- Lollipop pinnar

INSTRUKTIONER:
a) Stick in en klubba i varje marshmallow.
b) Lägg en liten bit sockervadd på varje marshmallow, tryck försiktigt för att fästa.
c) Servera som den är eller rosta försiktigt marshmallows för en rolig twist.
d) Njut av dina fluffiga och färgglada sockervaddsmarshmallows!

38. Sockervadd Cheesecake Bars

INGREDIENSER:
- 1 1/2 dl grahamssmulor
- 1/4 kopp socker
- 1/2 kopp osaltat smör, smält
- 16 oz färskost, mjukad
- 1/2 kopp socker
- 2 ägg
- 1 tsk vaniljextrakt
- Sockervaddssmaksättande sirap
- Sockervadd till garnering

INSTRUKTIONER:
a) Värm ugnen till 350°F (175°C) och klä en ugnsform med bakplåtspapper.
b) I en skål, blanda ihop grahamssmulor, socker och smält smör tills det blandas.
c) Tryck ut blandningen i botten av den förberedda ugnsformen för att bilda skorpan.
d) I en annan skål, vispa ihop färskost, socker, ägg och vaniljextrakt tills det är slätt.
e) Rör i några droppar sockervaddssmaksättningssirap tills det är väl blandat.
f) Häll färskostblandningen över skorpan och fördela den jämnt.
g) Grädda i 25-30 minuter, eller tills kanterna stelnat och mitten är något skakig.
h) Låt svalna helt och ställ sedan i kylen i minst 2 timmar eller tills den är kall.
i) Skär i barer och garnera var och en med en liten bit sockervadd innan servering.

39. Sockervaddsfyllda kakor

INGREDIENSER:
- Färdiggjord kakdeg eller hemgjord kakdeg
- Sockervadd

INSTRUKTIONER:
a) Förvärm ugnen enligt cookie-degsanvisningarna.
b) Ta en liten del av kakdegen och platta till den i handen.
c) Lägg en liten bit sockervadd i mitten av degen.
d) Vik degen runt sockervadd, se till att den är helt täckt.
e) Lägg de fyllda kakdegsbollarna på en plåt klädd med bakplåtspapper.
f) Grädda enligt cookie-degens instruktioner tills de är gyllenbruna.
g) Låt svalna något innan du njuter av dina överraskande sockervaddskakor!

40.Sockervadd Marshmallow spannmål godsaker

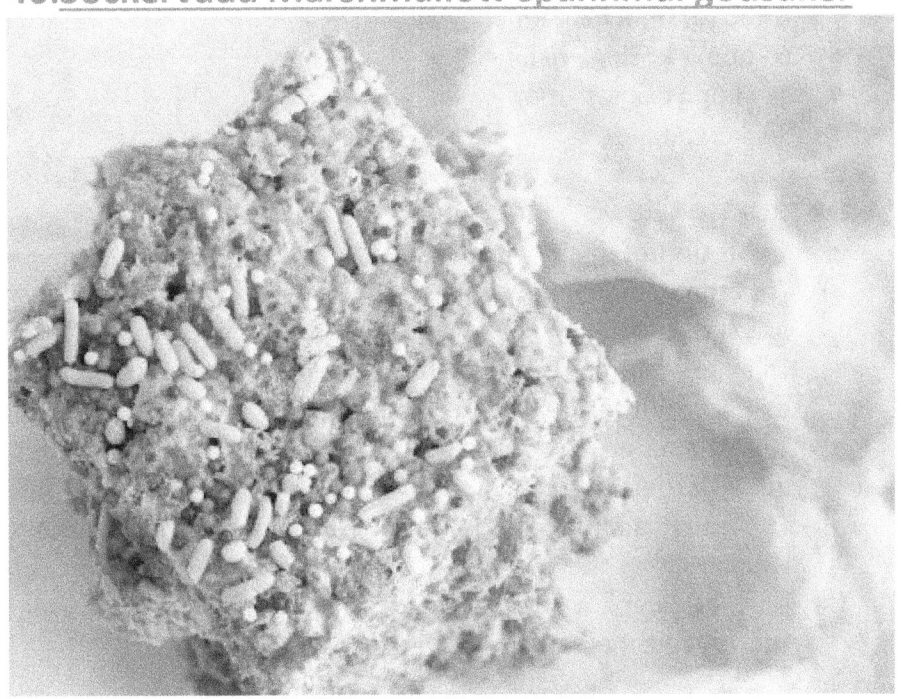

INGREDIENSER:
- 4 koppar mini marshmallows
- 6 koppar krispiga risflingor
- 1/4 kopp osaltat smör
- Sockervadd

INSTRUKTIONER:
a) Smält smöret på låg värme i en stor gryta.
b) Tillsätt minimarshmallows i grytan och rör om tills de är helt smält och slät.
c) Ta av grytan från värmen och rör ner den krispiga risflingorna tills den är jämnt täckt.
d) Tillsätt små bitar sockervadd i blandningen och vik försiktigt tills det är fördelat.
e) Tryck ut blandningen i en smord ugnsform och låt svalna och stelna.
f) När du har stelnat, skär du i rutor och njut av dina sockervaddsmarshmallowflingor!

DIPS

41. Sockervaddsdip

INGREDIENSER:
- 8 uns block färskost, uppmjukad
- 1 dl tung vispgrädde
- 2 uns sockervadd
- ½ kopp strösocker
- Gel matfärgning (om så önskas)

INSTRUKTIONER:
a) Häll den tunga vispgrädden i en liten skål och tillsätt sockervadd. Krämen kommer omedelbart att lösa upp sockervadd. Använd en mixer och vispa grädden tills mjuka toppar bildas. Avsätta.
b) Blanda färskost och strösocker i en medelstor skål tills det är slätt.
c) Vänd ner den vispade gräddblandningen.
d) Om så önskas, tillsätt ett par droppar gelmatfärg för att nå önskad färg.
e) Kyl i en timme och servera med kakor eller grahamsbröd.

42. Sockervadd Marshmallow Dip

INGREDIENSER:
- 1 dl marshmallowfluff
- 1/2 kopp vispad grädde
- 2 msk sockervaddssmaksättningssirap
- Sockervadd till garnering

INSTRUKTIONER:
a) I en blandningsskål, kombinera marshmallowfluff, vispad grädde och sockervaddssmaksättningssirap.
b) Blanda tills det är väl blandat och krämigt.
c) Överför dippen till en serveringsskål och garnera med sockervadd ovanpå.
d) Servera med fruktspett, kringlor eller kakor för doppning.

43. Sockervadd Yoghurt Dip

INGREDIENSER:
- 1 dl grekisk yoghurt
- 2 msk honung
- 1/4 kopp sockervaddssmaksättande sirap
- Sockervadd till garnering

INSTRUKTIONER:
a) Vispa ihop grekisk yoghurt, honung och sockervaddssmak i en bunke tills den är slät.
b) Överför dippen till en serveringsskål och garnera med sockervadd ovanpå.
c) Servera med färska fruktskivor, kringlor eller grahamsbröd för doppning.

44. Sockervadd Choklad Dip

INGREDIENSER:
- 1 dl chokladchips
- 1/2 kopp tung grädde
- 2 msk sockervaddssmaksättningssirap
- Sockervadd till garnering

INSTRUKTIONER:
a) I en mikrovågssäker skål, värm chokladchips och tjock grädde i 30 sekunders intervall tills de smält och slät, rör om emellan.
b) Rör i sockervaddssmaksättningssirap tills det är väl blandat.
c) Överför dippen till en serveringsskål och garnera med sockervadd ovanpå.
d) Servera med kringlor, marshmallows eller frukt till doppning.

45. Sockervadd Fruktdip

INGREDIENSER:
- 1 dl marshmallow creme
- 8 oz färskost, mjukad
- 1/4 kopp sockervaddssmaksättande sirap
- Sockervadd till garnering

INSTRUKTIONER:
a) I en bunke, vispa ihop marshmallowcreme och mjukgrädde ost tills det är slätt.
b) Blanda gradvis i sockervaddssmaksättningssirapen tills den är väl blandad.
c) Överför dippen till en serveringsskål och garnera med sockervadd ovanpå.
d) Servera med en mängd olika färsk frukt för doppning.

46.Sockervadd Jordnötssmör Dip

INGREDIENSER:
- 1 kopp krämigt jordnötssmör
- 1/2 kopp strösocker
- 1/4 kopp sockervaddssmaksättande sirap
- Sockervadd till garnering

INSTRUKTIONER:
a) I en bunke, vispa ihop krämigt jordnötssmör och strösocker tills det är slätt.
b) Blanda gradvis i sockervaddssmaksättningssirapen tills den är väl blandad.
c) Överför dippen till en serveringsskål och garnera med sockervadd ovanpå.
d) Servera med kringlor, äppelskivor eller kex för doppning.

47.Sockervadd Vispgrädde Dip

INGREDIENSER:
- 1 kopp tung grädde
- 1/4 kopp strösocker
- 1/4 kopp sockervaddssmaksättande sirap
- Sockervadd till garnering

INSTRUKTIONER:
a) Vispa grädde och strösocker i en bunke tills det bildas styva toppar.
b) Vänd försiktigt ner sockervaddssmaksättningssirapen tills den är jämnt fördelad.
c) Överför den vispade grädddippen till en serveringsskål och garnera med sockervadd ovanpå.
d) Servera med kakor, frukt eller kaka för doppning.

EFTERRÄTT

48. Sockervadd Éclairs

INGREDIENSER:
FÖR CHOUX PASTRY:
- 1 kopp vatten
- ½ kopp osaltat smör
- 1 kopp universalmjöl
- 4 stora ägg

FÖR FYLLNING:
- 2 dl konditorivaror med smak av sockervadd

FÖR GODSTYCKET:
- Sockervadd till topping

FÖR GLASYREN:
- ½ kopp vit choklad, hackad
- ¼ kopp osaltat smör
- 1 kopp strösocker
- ¼ kopp varmt vatten

INSTRUKTIONER:
CHOUX BAG:
a) Värm ugnen till 375°F (190°C) och klä en plåt med bakplåtspapper.
b) Blanda vatten och smör i en kastrull. Värm på medelvärme tills smöret smält och blandningen kokar upp.
c) Ta bort från värmen, tillsätt mjölet och rör om kraftigt tills blandningen bildar en boll.
d) Låt degen svalna i några minuter, tillsätt sedan äggen ett i taget, vispa ordentligt efter varje tillsats.
e) Lägg över degen i en spritspåse och sprid ut éclairs på den förberedda plåten.
f) Grädda i ca 30 minuter eller tills de är gyllenbruna. Låt svalna.

FYLLNING:
g) Förbered konditorivaror med sockervaddssmak. Du kan lägga till sockervaddssmak eller krossad sockervadd till ett klassiskt krämrecept eller använda en förgjord konditorivaror med smak av sockervadd.
h) Fyll éclairerna med konditorkrämen med sockervadd med en spritspåse eller en liten sked.

GODSTYCKER:

i) Precis innan servering toppar du varje éclair med en tofs sockervadd för en finurlig touch.

GLASYR:
j) I en värmesäker skål, smält den vita chokladen och smöret över en dubbelpanna.
k) Ta bort från värmen, tillsätt strösocker och rör gradvis i varmt vatten tills det är slätt.
l) Doppa toppen av varje éclair i den vita chokladglasyren, säkerställ en jämn täckning. Låt överskottet droppa av.
m) Lägg de glaserade éclairerna på en bricka och låt dem svalna tills den vita chokladen stelnat.
n) Servera kyld och upplev den ljuva nostalgin hos Cotton Candy Éclairs!

49.Sockervaddscupcakes

INGREDIENSER:
VANILJ CUPCAKES
- 1⅓ kopp vanligt mjöl
- 1½ tsk bakpulver
- ¼ tesked salt
- ½ kopp osaltat smör, rumstemperatur
- ¾ kopp strösocker
- 2 stora ägg, rumstempererade
- 1½ tsk vaniljextrakt
- ½ dl mjölk, rumstemperatur

FROSTNING AV GODSVAGG
- ½ kopp smör, rumstemperatur
- 4 dl florsocker eller strösocker
- 2–3 matskedar mjölk
- Några droppar sockervadd
- Några droppar matgelé som kricka, lila och viol

INSTRUKTIONER:
a) Värm ugnen till 180 C (350 F) standard / 160 C (320 F) fläkt. Klä en muffinsform med 12 hål med muffinsfodral.

b) Sikta mjöl, bakpulver och salt i en skål och vispa ihop. I en stor mixerskål, grädde smör och socker med elvisp i ca 3-4 minuter eller tills det är blekt och krämigt.

c) Tillsätt äggen, ett i taget, och vispa tills det blandas. Tillsätt vaniljextrakt i mjölken i en separat kanna.

d) Tillsätt ungefär en tredjedel av din mjölblandning och hälften av din mjölkblandning. Vik försiktigt med en spatel och tillsätt sedan ytterligare en tredjedel av mjölet och resten av din mjölk. Tillsätt slutligen den sista mjölblandningen. Din cupcakesmet ska vara fin och krämig. Försök att inte övermixa.

e) Fyll dina förberedda muffinsfodral. Ställ in i ugnen i cirka 16-18 minuter eller tills kakorna är gyllene på toppen och springer tillbaka vid lätt beröring. Lägg över cupcakes till ett galler för att svalna helt.

f) För att göra glasyren, grädde smöret med en elektrisk mixer tills det är krämigt och blekt. Sikta i hälften av florsockret och en matsked mjölk.
g) Vispa tills det blandas och tillsätt sedan resterande florsocker och mjölk. Om du tycker att blandningen är för torr, tillsätt ytterligare en matsked mjölk. Var bara försiktig eftersom du vill att glasyren ska vara tillräckligt tjock för att hålla formen när den läggs i rör. Tillsätt några droppar sockervadd – efter smak.
h) Fördela frostingen i tre separata skålar. Tillsätt några droppar matfärg i varje skål och rör om med en sked tills du får önskade färger.
i) Ta din spritspåse och sätt in en stor stjärnspets i änden. Tillsätt mycket försiktigt skedar av en glasyr och försök att hålla den på ena sidan av spritspåsen. Upprepa med de återstående färgerna. I huvudsak försöker du få färgerna att sitta vertikalt i spritspåsen. Du behöver inte vara exakt, bara gör så gott du kan.
j) Tryck försiktigt ner för att ta bort eventuella luftbubblor och tvinga ner glasyren till spetsen. Vrid toppen av påsen och rör glasyren på cupcakes. Den första kommer förmodligen inte ha alla tre färgerna så använd den som en testkörning.

50. No-Churn Sockervaddsglass

INGREDIENSER:
- 2 dl mycket kall tung vispgrädde
- 1 14-ounce burk sötad kondenserad mjölk, kall
- 2 tsk sockervaddssmaksättning
- Matfärg i rosa och blått (valfritt)

INSTRUKTIONER:
a) Placera brödformen och den stora skålen och vispa i frysen i cirka 30 minuter innan du är redo att använda dem. Se till att vispgrädden och den kondenserade mjölken är väldigt kalla.
b) Vispa vispgrädden i en stor skål eller stavmixerbunke tills det bildas styva toppar, vilket vanligtvis tar cirka 4 minuter.
c) I en medelstor skål, rör ihop den sötade kondenserade mjölken och sockervaddsarom tills en jämn konsistens uppnås.
d) Tillsätt gradvis den kondenserade mjölkblandningen till den vispade grädden, vänd försiktigt in den. Detta steg säkerställer en ljuvligt slät konsistens.
e) Dela blandningen i två separata skålar, där varje skål innehåller cirka 3 koppar. För en extra touch av infall, använd rosa matfärg i den ena skålen och blå i den andra.
f) Ta bort brödformen eller behållaren ur frysen och släpp ner skedar av glassblandningen i den.
g) Öka det visuella tilltalandet genom att strö över toppen av pannan med roliga strössel eller jimmies. Var kreativ med dina val!
h) Låt glassen stelna genom att ställa den i frysen över natten. Detta steg säkerställer en fast och härlig konsistens som kommer att tillfredsställa dina sötsug.

51. Sockervaddstårta

INGREDIENSER:

TILL TÅRAN:
- 1 kopp helmjölk
- 6 stora äggvitor
- 2 tsk sockervaddsextrakt
- 2 ¼ koppar kakmjöl
- 1 ¾ koppar granulerat socker
- 4 teskedar Bakpulver
- Strössel
- 12 matskedar smör
- Rosa eller blå matfärg (valfritt)

FÖR DEN ENKEL SIRAPEN FÖR GODSKOPP:
- ½ kopp Sockervaddssocker
- ½ kopp vatten

FÖR GODSPRODUKTEN:
- ½ tesked sockervaddsextrakt
- 3 stavar Saltat smör, mjukat
- 5 koppar pulveriserat socker
- 2-3 matskedar Tung vispgrädde

FÖR VALFRI GARNERING:
- Sockervadd eller stengodis

INSTRUKTIONER:

TILL TÅRAN:
a) Värm ugnen till 350°F. Smör och mjöl generöst två 8 eller 9-tums kakformar och ställ dem åt sidan.
b) Vispa ihop mjölk, äggvita och sockervadd i en stor glasvätskemätare. Ställ denna magiska blandning åt sidan.
c) I en stor bunke, vispa ihop mjöl, socker, bakpulver och strössel. Vispa mjölblandningen och smöret på låg hastighet till smuligt, ca 3 minuter.
d) Med mixern på låg, vispa i allt utom ½ kopp av mjölkblandningen. Öka hastigheten till medel och vispa i cirka 3 minuter tills den är slät.
e) Skrapa ner skålens sidor efter behov. Vispa i resten av mjölkblandningen tills den precis blandas.

f) Rör om smeten sista gången med en gummispatel, skrapa botten av skålen för att säkerställa att allt är helt blandat. Häll smeten jämnt i de förberedda formarna, jämna till topparna.
g) Grädda i cirka 20 minuter eller tills topparna är bruna och mitten fjädrar tillbaka vid lätt beröring.
h) Ta ut ur ugnen och låt kakorna svalna i formar i cirka 5 minuter innan du vänder upp dem på ett galler för att svalna helt.

FÖR DEN ENKEL SIRAPEN FÖR GODSKOPP:
i) I en liten, tjock kastrull, vispa samman sockervadd och vatten på medelvärme tills blandningen kokar. Koka i 3 minuter, rör om då och då, tills sockret är upplöst och blandningen täcker baksidan av en sked.
j) Häll sirapen i en liten kopp eller skål och ställ den i kylen tills den svalnat.

FÖR FROSTNING:
k) I mixerns skål, vispa smör, enkel sirap och sockervadd på medelhastighet tills det är slätt.
l) Med mixern på låg, tillsätt långsamt strösocker tills det precis blandas. Tillsätt tjock grädde, öka sedan långsamt mixerhastigheten till hög och vispa i en minut tills den är ljus och fluffig.

MONTERA OCH Garnera:
m) Sätt ihop och frosta den avsvalnade kakan och garnera den med godis om så önskas.

52.Sockervaddsglass Smörgåsar

INGREDIENSER:
- Sockervaddsglass med smak av sockervadd
- Mjuka sockerkakor (köpta i butik eller hemgjorda)
- Strössel (valfritt)

INSTRUKTIONER:
a) Låt glassen med sockervaddssmak mjukna något i rumstemperatur.
b) Lägg en kula glass på undersidan av en sockerkaka.
c) Toppa med en annan kaka, tryck försiktigt nedåt för att smörgå glassen.
d) Rulla kanterna på glassmackan i strössel, om så önskas.
e) Upprepa med resterande kakor och glass.
f) Lägg glassmackorna i frysen i minst 1 timme för att stelna.
g) När de är fasta är dina sockervaddsglassmackor redo att avnjutas!

53. Marmorerad sockervadd

INGREDIENSER:
- 24 uns vit chokladbark
- 1 burk (14 ounces) sötad kondenserad mjölk
- 2 tsk sockervaddsextrakt
- Ljusblå matfärgsgel
- Ljusrosa matfärgsgel

INSTRUKTIONER:
a) Fodra en 8x8-tums panna med aluminiumfolie eller bakplåtspapper, vilket säkerställer att fudgen lätt släpps senare.
b) Lägg den vita chokladbarken i en mikrovågssäker skål. Mikrovågsugn den i 30-sekunders intervaller, rör ofta, tills barken är helt smält.
c) Tillsätt den sötade kondenserade mjölken och sockervaddsarom till den smälta vita chokladen, vilket skapar en härlig fudgebas.
d) Dela fudgeblandningen i två skålar. Tillsätt en liten mängd blå matfärgsgel i en skål och rosa i den andra. Justera mängden baserat på intensiteten på din matfärgsgel.

HOPSÄTTNING:
e) Släpp skopor av varje färgad blandning slumpmässigt i den förberedda pannan.
f) Använd en tandpetare för att på ett konstigt sätt virvla ihop färgerna och skapa en fascinerande marmorerad look som speglar sockervadds nycker.
g) Kyl fudgen i minst 2 timmar eller tills den är fast och stelnad.
h) När du har stelnat skär du fudgen i härliga bitar, som var och en förkroppsligar den magiska blandningen av sockervaddssmaker. Servera och se glädjen utvecklas!

54.Sockervaddskaka Smörgåsar

INGREDIENSER:
FÖR SMÖRGÖROR FÖR GODSKOCK:
- 1-¼ koppar strösocker
- ½ kopp osaltat smör, rumstemperatur
- ¼ kopp kärnmjölk
- 1 ägg
- 1 tsk JRC Liquid Cotton Candy* eller sockervaddsarom
- 2-¼ koppar universalmjöl
- ¾ tesked bakpulver
- ¼ tesked salt
- ½ tsk bakpulver
- 1 droppe mjuk rosa gel matfärgning
- 1 droppe himmelsblå gel matfärgning

FÖR GODSVAGGSMÖRKRÄM:
- 1 kopp osaltat smör, rumstemperatur
- 1-½ dl konditorsocker
- 2 tsk JRC Liquid Cotton Candy* eller sockervaddsarom
- 1 droppe mjuk rosa gel matfärgning
- 1 droppe himmelsblå gel matfärgning

INSTRUKTIONER:
FÖRBERED SOCKERCOOKS:
a) Värm ugnen till 350 grader F och klä bakplåtarna med bakplåtspapper.
b) Mixa socker och smör i en stavmixer tills det blir ljust och pösigt.
c) Vispa samman kärnmjölk, ägg och sockervadd i en liten skål. Tillsätt långsamt till smörblandningen, blanda tills den är helt införlivad.
d) Tillsätt mjöl, bakpulver, salt och bakpulver och blanda tills degen går ihop och dras bort från skålens sidor.
e) Dela degen och tillsätt rosa matfärg i den ena delen och blå i den andra. Virvla ihop degen försiktigt.
f) Skotta upp degen på bakplåtspapper och platta till med botten av din handflata.
g) Grädda i 6-10 minuter tills kanterna börjar få färg.

FÖRBERED SMÖRKRÄM:

h) I en stående mixer, vispa smör i ca 2 minuter. Tillsätt konditorsocker gradvis och vispa sedan på medelhögt i 2 minuter tills det är ljust och fluffigt.

i) Tillsätt sockervaddsarom och vispa på hög i ytterligare en minut.

j) Dela smörkrämen och färga den ena delen rosa och den andra blå.

HOPSÄTTNING:

k) Överför smörkrämen till en spritspåse försedd med en spets nr 8B, alternerande mellan rosa och blå.

l) Sprid smörkräm på hälften av kakorna, lämna en ½ tums ring exponerad runt kanterna.

m) Lägg de återstående kakorna ovanpå, tryck försiktigt för att skapa smörgåskakor.

n) Kyl i kylen för enklare hantering.

o) Förvara kakorna i en lufttät burk i kylen i upp till 4 dagar.

55.Sockervadd Marshmallow Fudge

INGREDIENSER:
- 2 koppar socker
- ¾ kopp smör
- 12 uns vit choklad eller vaniljchips
- 7-ounce burk marshmallow creme
- ¾ kopp tung vispgrädde
- 1 ½ tsk sockervadd smaksättning
- Rosa matfärg

INSTRUKTIONER:
a) Fodra en 13x9-tums panna med folie och spraya den generöst med nonstick-spray.
b) Skapa Fudge Base:
c) I en kastrull, kombinera socker, smör, tjock grädde och smör på låg värme. Rör om tills sockret är helt upplöst.
d) När den är upplöst, låt blandningen koka upp under konstant omrörning i cirka 4 minuter.
e) Ta av från värmen och blanda i marshmallowcremen och vaniljchipsen tills alla chips smält.

LAGER FUDGEN:
f) Häll ¾ av fudgeblandningen i den förberedda folieklädda pannan.
g) Tillsätt sockervaddsarom till den återstående fudgeblandningen i kastrullen, rör om tills den är väl kombinerad.

SKAPA SWIRLS:
h) Droppa eller ringla skedar av blandningen med sockervaddssmak över fudgen som redan finns i pannan.
i) Inför 2-3 droppar rosa matfärg i olika områden ovanpå fudgen. Använd en smörkniv för att skära igenom fudgen och skapa fängslande virvlar.
j) Täck pannan och låt fudgen stelna i kylen tills den stelnar.
k) När den har stelnat, ta bort fudgen från pannan genom att lyfta den med folien. Skär i härliga rutor.

56. Blå sockervaddstårta

INGREDIENSER:
INGREDIENSER FÖR TÅRKA
- 355 mL Soda Candy Soda - kan använda cream soda, om det behövs
- 1 - 15 oz Box White Cake Mix
- Ljusblå matfärg, valfritt

FROSTNINGSINGREDIENSER
- 1 kopp sockervadd - eller använd 1 tsk sockervaddssmakextrakt
- 1/2 kopp smör, mjukat
- 4 koppar strösocker
- 1 - 2 msk mjölk
- Ljusblått matfärgämne, valfritt
- Pastellströssel efter önskemål

INSTRUKTIONER:
a) Värm ugnen till 350 grader F.
b) Smörj en 9" x 11" gryta och ställ åt sidan.
c) Vispa ihop den vita kakmixen och sockervadd i en stor skål i 2 minuter. Justera färgen med ljusblå matfärg, om så önskas. (Om du använder, gör kaksmeten djupare blå än du vill att den färdiga kakan ska vara eftersom den blir ljusare när du bakar.)
d) Grädda i 25 - 30 minuter, tills en insatt tandpetare kommer ut ren.
e) Låt kakan svalna helt innan frosting.
f) Placera under tiden 1 kopp sockervadd i en kastrull och värm tills det kokar över medelhög värme.
g) Minska till medel-låg och låt sjuda tills den reducerats till 1/4 (2 oz läsk bör finnas kvar). Låt svalna helt.
h) I en stor skål, vispa ihop smör och strösocker i 2 minuter, tillsätt sedan den reducerade soda sodan.
i) Vispa för att blanda och tillsätt sedan mjölken efter behov för att få en bredbar konsistens. Justera färgen med blå matfärg, om så önskas.
j) Använd en offsetspatel för att fördela frostingen på den avsvalnade kakan.
k) För att uppnå den roliga konsistensen som visas på bilderna, använd korta drag för att sprida frostingen, gå sedan tillbaka över den frostade kakan och grova upp den lite.
l) Garnera kakan med strössel efter önskemål.

57.Sockerkakor för sockervadd

INGREDIENSER:
- 1 kopp rumsvarmt osaltat smör
- 1 ¼ koppar strösocker
- 1 ägg eller ⅓ kopp aquafaba
- 1 tsk sockervaddsarom
- ½ tesked vaniljextrakt
- 2 koppar universalmjöl
- 1 ½ tsk bakpulver
- ½ tsk salt

INSTRUKTIONER:
a) Värm ugnen till 350 grader F och klä en plåt med bakplåtspapper. Avsätta.
b) I en medelstor skål, vispa ihop allsidigt mjöl, bakpulver och salt. Avsätta.
c) Med en mixer, blanda ihop socker och smör tills det blir ljust och pösigt.
d) Tillsätt ägget eller aquafaba, sockervadd och vaniljextrakt. Blanda tills det är väl blandat.
e) Tillsätt långsamt mjölblandningen till de våta ingredienserna under omrörning på låg nivå. När degen går ihop, dela den i två delar.
f) Lägg tillbaka en omgång deg till mixern och tillsätt rosa gel matfärgning, blanda långsamt tills den är inkorporerad.
g) Rengör skålen lätt och tillsätt sedan den återstående degen, med blå gelfärgning, och blanda på låg tills den är väl blandad.
h) Använd en ¼ måttbägare, ta hälften blå och hälften rosa deg, rulla ihop dem till en boll och lägg dem på den klädda bakplåten.
i) Grädda i 10-12 minuter eller tills kanterna är lätt gyllene.
j) Njut av dina härliga sockervaddssockerkakor!

58.Sockervadd Oreotryffel

INGREDIENSER:
- 20 Sockervadds Oreo-kakor
- 6 uns färskost, mjukad
- 1 paket (12 uns) blå godis smälter (vaniljsmak)
- 1 paket (12 ounces) rosa godis smälter (vaniljsmak)

INSTRUKTIONER:
a) Lägg ett långt ark vaxpapper över ett kakark och lägg det åt sidan.
b) Lägg hela Oreos i en matberedare och mixa tills det är fint krossat. Alternativt, om du inte har en matberedare, kan du lägga Oreos i en stor Ziploc-påse, försegla den och krossa kakorna med en kavel tills de är finkrossade.
c) Tillsätt bitar av färskost till de krossade Oreos och pulsera i matberedaren tills blandningen är jämnt fuktad och bildar en "deg" som är helt kombinerad.
d) Skopa ur blandningen och forma den till 1-tums bollar och lägg dem sedan på det förberedda plåten. De kan vara röriga, men det är okej.
e) Lägg tryffeln i frysen i cirka en halvtimme (eller längre).
f) Smält chokladen enligt anvisningarna på förpackningen. Om du använder två färger, smält den huvudsakliga du doppar tryffeln i. Undvik att bränna. Vid mikrovågsugn, gör det med 20-30 sekunders intervall på halv effekt, rör om varje gång.
g) Ta ut tryffeln ur frysen, forma om dem med händerna om det behövs och doppa dem i den smälta chokladen med en gaffel, två gafflar eller en tandpetare. Se till att de är jämnt belagda och låt överflödig choklad rinna av.
h) Lägg tillbaka tryffeln på plåten och låt chokladen stelna.
i) Om du använder en andra färg, smält den chokladen när den andra chokladen redan är fast på tryffeln. Ringla den över toppen med hjälp av en zip-loc-påse med hörnet avklippt eller någon föredragen metod.
j) Förvara tryffeln täckt i en lufttät behållare i kylen tills den ska serveras. De fryser också bra.

59.Sockervaddsmacarons

INGREDIENSER:
MAKARONER FÖR GODS
- ½ kopp + 2 msk superfint mandelmjöl - blancherat
- ½ kopp strösocker
- Ungefär 2 stora ägg (55 g) lagrade äggvitor
- Valfritt: Nypa grädde av tartar
- ¼ kopp + 1 tsk strösocker
- Valfritt: Gel matfärg

FÖR SMÖRKRÄM FROSTNING AV GODSVAGG
- ¼ kopp osaltat smör, rumstemperatur
- 1 tsk vaniljextrakt eller vaniljstångspasta
- ⅛ tesked salt
- 1 tsk sockervaddsextrakt
- Valfritt: Rosa gel matfärgning
- 1 kopp strösocker
- 2 tsk tung grädde

INSTRUKTIONER:
MAKARONER FÖR GODS

a) Sikta 70 g superfint mandelmjöl och 63 g strösocker i en stor skål och ställ åt sidan.

b) Häll 55 g lagrad äggvita i skålen med en stavmixer med en visp och blanda på medelhastighet tills ytan på äggvitan är täckt av små bubblor. Lägg i en nypa grädde av tartar och fortsätt att blanda tills du når mjuktoppsstadiet.

c) Tillsätt 55 g strösocker i äggen och blanda på medelhastighet i 30 sekunder. Om så önskas, tillsätt rosa gel matfärgning vid denna tidpunkt och öka sedan blandningshastigheten till en medelhög hastighet. Fortsätt att blanda tills det bildas styva, glansiga toppar.

d) Vik ner de torra ingredienserna i marängen i två tillsatser med cirkulära rörelser tills ett tjockt band av smet rinner av spateln när den lyfts upp. Var noga med att inte blanda smeten för mycket!

e) Häll smeten i en stor spritspåse som passar med en medelstor rund rörspets och rör 1 ¼ tums rundor på de förberedda bakplåtarna, med ett avstånd på cirka 1 tum från varandra.

f) Slå kastrullerna ordentligt på bänken några gånger för att släppa ut luftbubblor, tryck sedan upp eventuella kvarvarande luftbubblor som kommer upp till ytan med en tandpetare.
g) Låt macaronsna vila i 30 minuter för att få ett skinn. Macaronsna ska se matta ut när skalet har bildats.
h) När macaronsna vilar, förvärm ugnen till 300 F.
i) Grädda en plåt i taget med macarons i mitten av ugnen i 16-17 minuter och rotera pannan halvvägs.
j) Ta ut ur ugnen och låt macaronsen svalna på pannan (ca 15 minuter), ta sedan försiktigt bort dem från silpatmattan.

GODSVARD SMÖRKRÄM FROSTNING

k) Vispa 56 g rumstempererat smör på medelhastighet i 1-2 minuter med en visp tills det blir ljusare i färgen och slät.
l) Blanda i 4 g vaniljextrakt, 1 g salt, 4 g sockervaddsextrakt och en droppe rosa gelmatfärg på låg hastighet.
m) Blanda långsamt i 125 g strösocker och 10 g grädde på låg hastighet.
n) Fortsätt att mixa på låg i ett par minuter tills ingredienserna är helt införlivade och önskad konsistens uppnåtts.
o) Om glasyren är för tjock, tillsätt ytterligare tjock grädde eller mjölk (1 tsk i taget). Om frostingen är för tunn, tillsätt mer strösocker (1 matsked i taget).
p) Lägg i spritspåse med en liten fransk spets och ställ åt sidan.

SAMMANSTÄLLNING AV DESSA GODSMACARONER

q) Sprid en tjock klick sockervaddssmörkräm eller frosting efter eget val runt ett macaronskal. Tryck försiktigt på ett andra skal ovanpå frostingen för att skapa en smörgås.
r) Lägg de färdiga macaronsna i en lufttät behållare och kyl i kylen över natten, låt dem sedan värmas till rumstemperatur och njut!

60.Sockervadd Poke Cake

INGREDIENSER:
- 1 ask vit kakmix (eller ditt favoritrecept för vit kaka)
- ¼ till ½ tesked sockervadd (anpassa efter smak)
- 2 lådor vit choklad instant pudding mix
- 3 dl mjölk
- 1 stor behållare kall piska
- 1 paket sockervadd
- Karamellfärg

INSTRUKTIONER:
a) Förbered din kaksmet enligt instruktionerna på kartongen eller i ditt recept.
b) Tillsätt ¼ till ½ tesked sockervadd i smeten och blanda.
c) Häll smeten i en smord eller sprayad 13 x 9-tums form och grädda enligt lådan eller ditt recept.
d) Låt kakan svalna på galler i endast 5-10 minuter.
e) Stick hål i kakan med baksidan av en träslev.
f) Blanda två små lådor med instantpuddingmix och 3 koppar mjölk i en skål.
g) Tillsätt matfärg till puddingblandningen, marmorera färgerna. Arbeta snabbt så att puddingen inte tjocknar innan den hälls upp.
h) Häll snabbt puddingblandningen över kakan, fördela den jämnt.
i) Ställ kakan i kylen i cirka en timme.
j) Täck den kylda kakan med en kall visp.
k) Precis innan servering toppar du kakan med sockervadd.

61.Sockervaddskräm smälter

INGREDIENSER:
- 4 uns färskost
- ¾ tsk Sockervadd smaksatt Frosting Creations Flavor Mix
- 3 koppar strösocker
- 2 matskedar superfint socker

INSTRUKTIONER:
a) Lägg färskost och ¾ teskedar av smaksättningspaketet i en blandningsskål; Mixa tills det är slätt och blandat.
b) Tillsätt gradvis pulversocker; Blanda tills blandningen blir en styv, tjock konsistens, som pajdeg - blanda inte för mycket.
c) Ta bort blandningen från skålen och rulla till små bollar, ½-tum till ¾-tum i storlek.
d) Rulla bollar till superfint socker; Lägg sedan på en vaxpappersklädd bricka.
e) Platta till bollarna något med baksidan av en sked för att bilda ¼-tums tjocka biffar.
f) Skär tillplattade bollar i bågade former med en 38 mm (1 ½-tums bågad fräs)

62.Sockervaddsmousse

INGREDIENSER:
- 4 uns färskost, rumstemperatur
- 2 msk sockervaddssirap
- 1 msk mjölk eller grädde
- 1 kopp strösocker
- 8 uns balja Cool Whip
- Godis till garnering, valfritt

INSTRUKTIONER:
a) Blanda färskost, sirap och mjölk i mixerns skål tills den är slät.
b) Vispa långsamt i strösocker. Vänd sedan i Cool Whip.
c) Skeda upp i 12 dessert shooter-glas eller andra små serveringsfat.
d) Kyl i minst 3 timmar. Servera kall.

63. Sockervadd Affogato

INGREDIENSER:
- 3 kulor vaniljglass
- 1 shot espresso varm
- sockervadd

INSTRUKTIONER:
a) Skopa glass i en bred skål.
b) Toppa med sockervadd.
c) Häll en varm shot espresso över sockervadd i en cirkulär rörelse tills den lösts upp.
d) Ät genast.

64. Sockervadd Panna Cotta

INGREDIENSER:
- 2 koppar tung grädde
- 1/4 kopp socker
- 1 tsk vaniljextrakt
- 2 paket (ca 14g) smaklös gelatin
- 1/4 kopp vatten
- Sockervadd till garnering

INSTRUKTIONER:
a) Värm grädden och sockret på medelhög värme i en kastrull tills sockret är upplöst. Ta av från värmen och rör ner vaniljextraktet.
b) I en liten skål, strö gelatinet över vattnet och låt det stå i 5 minuter för att blomma.
c) När den har blommat, vispa gelatinblandningen i den varma grädden tills den är helt upplöst.
d) Häll upp blandningen i serveringsglas eller formar.
e) Ställ i kylen i minst 4 timmar, eller tills den stelnat.
f) Innan servering garnera varje pannacotta med en liten bit sockervadd.

65.Sockervadd Rispudding

INGREDIENSER:
- 1 kopp Arborio ris
- 4 koppar mjölk
- 1/2 kopp socker
- 1 tsk vaniljextrakt
- Sockervadd till topping

INSTRUKTIONER:
a) I en stor kastrull, kombinera ris, mjölk och socker.
b) Koka upp på medelvärme, sänk sedan värmen till låg och låt sjuda, rör om då och då, tills riset är mört och blandningen har tjocknat, cirka 20-25 minuter.
c) Ta av från värmen och rör ner vaniljextraktet.
d) Häll upp rispuddingen i serveringsfat.
e) Låt svalna något, toppa sedan varje portion med en rejäl mängd sockervadd precis innan servering.

66.Sockervaddskrämpuffar

INGREDIENSER:
- 1/2 kopp vatten
- 1/4 kopp osaltat smör
- 1/2 kopp universalmjöl
- 2 stora ägg
- Vispgrädde med smak av sockervadd (gjord genom att vika sockervaddsarom till vispad grädde)
- Sockervadd till garnering

INSTRUKTIONER:
a) Värm ugnen till 375°F (190°C) och klä en plåt med bakplåtspapper.
b) Koka upp vattnet och smöret i en kastrull.
c) Rör ner mjölet tills blandningen bildar en boll och drar sig bort från sidorna av pannan.
d) Ta bort från värmen och låt svalna något.
e) Vispa i äggen, ett i taget, tills de är helt blandade och degen är slät.
f) Lägg över degen i en spritspåse med en stor rund spets.
g) Sprid ut små deghögar på den förberedda plåten.
h) Grädda i 20-25 minuter, eller tills de är svullna och gyllenbruna.
i) Låt gräddpuffarna svalna helt och fyll sedan var och en med vispgrädde med sockervaddssmak.
j) Garnera med en liten bit sockervadd ovanpå varje gräddpuff innan servering.

67. Nyckfulla pastellfärgade sockervaddsäpplen

INGREDIENSER:
- 6 medelstora granny smith äpplen (eller valfri variant, tvättade, torkade och stjälkar borttagna)
- 3 koppar (600 g / 1 lb + 5 oz) strösocker
- 1 kopp (237 ml) vatten
- 1/2 kopp (118 ml) lätt majssirap
- 1 flaska (3/4 tesked / 3,75 ml) olja med smak av sockervadd godis
- 2 matskedar (30 ml) ljus vit mjuk gelmatfärg, plus 2-3 extra färger att välja på
- Sockervadd
- Valfritt glitter/strössel

INSTRUKTIONER:
a) Klä en bakplåt med en bakmatta av silikon eller smörj den med matfett.
b) Sätt i kakstavarna ungefär 3/4 av vägen i varje äpple, se till att de inte kommer ut i botten.
c) Kombinera socker, vatten och majssirap i en kastrull med medeltjock botten. Pensla sidorna av kastrullen med en fuktig bakelseborste för att ta bort herrelösa sockerkristaller.
d) Placera kastrullen på medelhög värme och fäst en godistermometer, se till att den inte rör vid botten av kastrullen.
e) Låt blandningen koka ostört tills termometern når 302°F (hårt spricksteg). Förbered smakoljan och färgerna medan blandningen kokar.
f) När godisbeläggningen når 302°F, ta bort från värmen och rör ner smakoljan, följt av den vita färgen, med en värmebeständig gummispatel.
g) Tillsätt snabbt droppar av dina valda matgelfärger utan att röra om, snurra kastrullen en eller två gånger för att marmorera färgerna.
h) Luta kastrullen så att beläggningen samlas åt sidan, doppa/snurra sedan varje äpple tills det är ordentligt täckt. Låt överflödig beläggning droppa tillbaka i kastrullen och lägg sedan de belagda äpplena på den förberedda bakplåten.

i) När du är redo att servera, stick en puff eller två sockervadd på varje pinne ovanpå äpplena. Dekorera med strössel eller glitter efter önskemål.

j) Valfritt: Om du använder mönstrade pappersstrån, skjut dem över kakstavarna och trimma topparna så att de matchar pinnens höjd.

68.Sockervaddsglassar

INGREDIENSER:
- Sockervaddssmaksättande sirap
- 2 dl mjölk
- 1/4 kopp socker
- Sockervadd till garnering

INSTRUKTIONER:
a) I en blandningsskål, vispa ihop sockervaddssmaksättningssirap, mjölk och socker tills det är väl blandat.
b) Häll blandningen i popsikelformar.
c) Sätt i popsicle sticks och frys tills den är fast, ca 4-6 timmar eller över natten.
d) När de har frysts, ta bort popsicles från formarna.
e) Garnera varje popsicle med en liten bit sockervadd innan servering.

69.Sockervadd Dessert Burrito

INGREDIENSER:
- Floss socker
- Glass (smak av sockervadd rekommenderas)
- Strössel
- Marshmallows

INSTRUKTIONER:
a) Följ förpackningsinstruktionerna på Floss-sockret för att göra en sats sockervadd.
b) När sockervadd är klart, platta försiktigt ut det till en tortillaliknande form, och se till att det når minst ½ tum i tjocklek.
c) Täck fritt över den tillplattade sockervadden med ett generöst lager av strössel och marshmallows, vilket skapar en härlig barriär mellan sockervadd och den kommande glassen.
d) Häll din favoritsmak av glass på den överströdda sockervadd och bildar en söt kärna.
e) Strö mer färgglada toppings över glassen, vilket säkerställer en visuellt tilltalande finish.
f) Rulla kombinationen sockervadd och glass som en burrito, skapa en fascinerande virvel av färger och texturer.
g) För att servera, dela sockervaddsburrito på mitten och avslöjar lagren av sockersöt godhet inuti.

70.Sockervaddspannkaka

INGREDIENSER:
- Pannkakssmet
- Sockervaddssmaksättande sirap
- lönnsirap

INSTRUKTIONER:
a) Förbered din favoritpannkakssmet enligt receptet eller förpackningens instruktioner.
b) Rör ner några droppar sockervaddssmaksättningssirap till pannkakssmeten.
c) Värm en stekpanna eller non-stick stekpanna på medelvärme.
d) Häll små cirklar av smeten på grillen för att göra minipannkakor.
e) Koka tills det bildas bubblor på ytan, vänd sedan och koka tills de är gyllenbruna på andra sidan.
f) Servera minipannkakorna med lönnsirap för doppning, och garnera med sockervadd för extra sötma.

71.Sockervadd

INGREDIENSER:
- 1 paket vaniljpuddingmix
- 2 dl kall mjölk
- Sockervaddssmaksättande sirap
- Vispgrädde
- Sockervadd till garnering
- Tårtkuber (köpta i butik eller hemgjorda)
- Jordgubbar

INSTRUKTIONER:
a) Förbered vaniljpuddingen enligt anvisningarna på förpackningen med den kalla mjölken.
b) Rör i några droppar sockervaddssmaksättningssirap till puddingen tills den är väl blandad.
c) I ett småfat eller enstaka portionsglas, lagertårtstärningar, sockervaddssmaksatt pudding, jordgubbar och vispgrädde.
d) Upprepa lagren tills skålen eller glasen är fyllda.
e) Toppa med en klick vispgrädde och garnera med sockervadd innan servering.

72.Sockervaddstårta

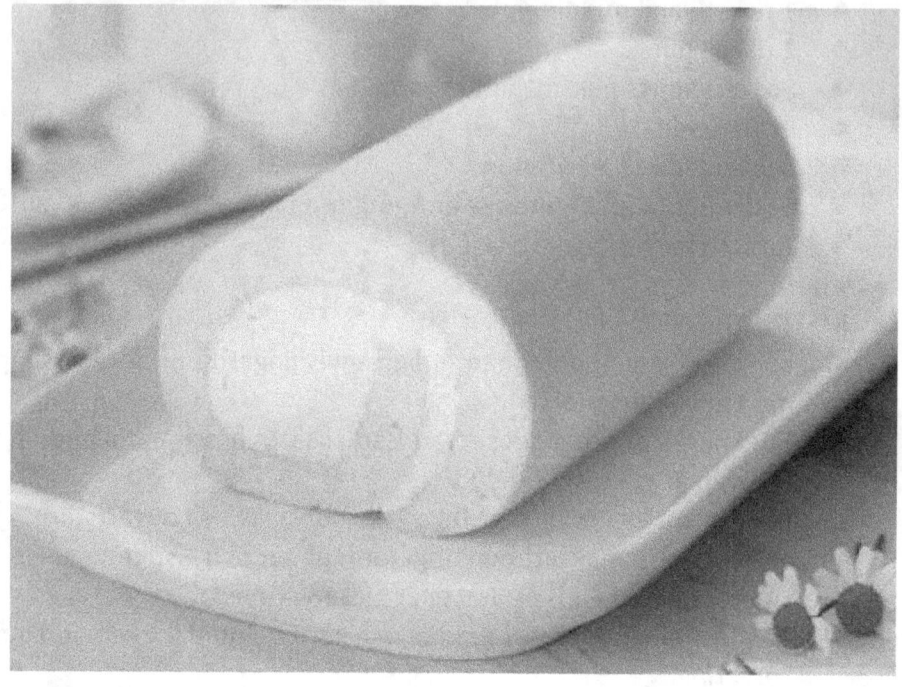

INGREDIENSER:
- 3 ägg
- 3/4 kopp socker
- 1 tsk vaniljextrakt
- 3/4 kopp universalmjöl
- 1 tsk bakpulver
- 1/4 tsk salt
- Pulversocker för att pudra
- Sockervaddssmaksättande sirap
- Vispgrädde
- Sockervadd till garnering

INSTRUKTIONER:
a) Värm ugnen till 375°F (190°C) och klä en gelérullform med bakplåtspapper.
b) Vispa ägg, socker och vaniljextrakt i en bunke tills det blir tjockt och blekt.
c) I en separat skål, vispa ihop mjöl, bakpulver och salt.
d) Vänd gradvis ner de torra ingredienserna i äggblandningen tills de precis blandas.
e) Häll smeten i den förberedda pannan och fördela den jämnt.
f) Grädda i 10-12 minuter, eller tills kakan fjädrar tillbaka vid lätt beröring.
g) Lossa omedelbart kanterna på kakan och vänd ut den på en ren kökshandduk pudrad med strösocker.
h) Rulla ihop kakan med handduken och låt den svalna helt.
i) Rulla ut kakan och pensla med sockervaddssmaksättningssirap.
j) Bred vispad grädde över kakan och rulla ihop den igen.
k) Garnera med sockervadd innan servering.

73. Sockervadd Cheesecake

INGREDIENSER:
FÖR SKORPA:
- 2 koppar graham cracker smulor
- ½ kopp osaltat smör, smält
- ¼ kopp strösocker

FÖR OSTKAKA:
- 4 paket (32 uns) färskost, mjukad
- 1 ¼ koppar strösocker
- 4 stora ägg
- 1 kopp gräddfil
- ½ kopp sockervadd eller sockervaddssirap
- Rosa matfärg (valfritt)
- Konfetti strössel för en extra färgskala

FÖR TOPPEN:
- Sockervadd för dekoration
- Vispad grädde (valfritt)
- Ytterligare konfetti-strössel för en livfull finish

INSTRUKTIONER:
a) Värm ugnen till 325°F (163°C).
b) Blanda grahamssmulorna, smält smör, socker och konfetti i en skål tills de är väl kombinerade.
c) Tryck ut blandningen i botten av en 9-tums springform för att skapa skorpan.
d) Grädda skorpan i den förvärmda ugnen i 10 minuter. Ta ut och låt det svalna medan du förbereder cheesecakefyllningen.

FÖRBERED OSTKAKASFYLLNING:
e) Vispa färskosten i en stor bunke tills den är slät och krämig.
f) Tillsätt socker och fortsätt vispa tills det är väl blandat.
g) Tillsätt äggen ett i taget, vispa ordentligt efter varje tillsats.
h) Blanda i gräddfil, sockervaddsarom och rosa matfärg om så önskas. Se till att allt är väl kombinerat och vik försiktigt in konfettiströsseln.

BAKA OSTKAKA:
i) Häll cheesecakefyllningen över skorpan.

j) Grädda i den förvärmda ugnen i 1 timme eller tills mitten har stelnat och toppen är något gyllene.
k) Låt cheesecaken svalna i ugnen med luckan på glänt i cirka en timme.
l) När den har svalnat, kyl cheesecaken i minst 4 timmar eller över natten.

TOPP OCH SERVERA:
m) Innan servering toppar du cheesecaken med sockervadd för en finurlig touch.
n) Lägg eventuellt till klick vispad grädde runt kanterna och strö över ytterligare konfetti-strössel för en extra festlig känsla.
o) Skiva, servera och njut.

FROSTNINGAR OCH GLASYR

74. Sockervadd Gräddost Frosting

INGREDIENSER:
- 8 oz färskost, mjukad
- 1/2 kopp osaltat smör, mjukat
- 4 koppar strösocker
- 1/4 kopp sockervaddssmaksättande sirap
- Sockervadd till garnering

INSTRUKTIONER:
a) I en bunke, vispa ihop den mjukgjorda färskosten och smöret tills det är slätt.
b) Tillsätt florsockret gradvis, blanda tills det är väl blandat och krämigt.
c) Rör i sockervaddssmaksättningssirapen tills den är helt införlivad.
d) När din kaka eller cupcakes har svalnat, frosta dem med sockervadd cream cheese frosting.
e) Garnera med bitar av sockervadd för en finurlig touch innan servering.

75.Sockervadd Smörkräm Frosting

INGREDIENSER:
- 1 kopp osaltat smör, mjukat
- 4 koppar strösocker
- 1/4 kopp mjölk
- 1/4 kopp sockervaddssmaksättande sirap
- Sockervadd för garnering (valfritt)

INSTRUKTIONER:
a) Vispa mjukt smör i en bunke tills det är krämigt.
b) Tillsätt florsocker gradvis, en kopp i taget, vispa ordentligt efter varje tillsats.
c) Blanda i mjölk och sockervaddssmaksättningssirap tills den är slät och fluffig.
d) Om så önskas, garnera med små bitar sockervadd.
e) Använd för att frosta tårtor, cupcakes eller kakor.

76.Sockervaddsglasyr

INGREDIENSER:
- 1 kopp strösocker
- 2-3 matskedar mjölk
- 2 msk sockervaddssmaksättningssirap
- Sockervadd för garnering (valfritt)

INSTRUKTIONER:
a) I en liten skål, vispa ihop strösocker, mjölk och sockervaddssmak tills det är slätt.
b) Justera konsistensen genom att tillsätta mer mjölk om den är för tjock eller mer strösocker om den är för tunn.
c) Ringla glasyren över kakor, munkar eller bakverk.
d) Om så önskas, garnera med små bitar sockervadd.

77. Sockervadd Swiss Maringue Buttercream

INGREDIENSER:
- 4 stora äggvitor
- 1 kopp strösocker
- 1 1/2 dl osaltat smör, mjukat
- 1/4 kopp sockervaddssmaksättande sirap
- Sockervadd för garnering (valfritt)

INSTRUKTIONER:
a) Vispa ihop äggvita och socker i en värmesäker skål.
b) Placera skålen över en kastrull med sjudande vatten, se till att botten av skålen inte rör vid vattnet.
c) Vispa hela tiden tills sockret är helt upplöst och blandningen når 160°F (71°C) på en godistermometer.
d) Ta bort från värmen och överför blandningen till en stavmixer utrustad med en visptillbehör.
e) Vispa på hög hastighet tills styva toppar bildas och blandningen har svalnat till rumstemperatur.
f) Tillsätt gradvis mjukat smör, några matskedar åt gången, medan du fortsätter att vispa på medelhög hastighet.
g) När allt smör har införlivats, blanda i sockervaddssmaksättningssirapen tills den är slät och fluffig.
h) Om så önskas, garnera med små bitar sockervadd.
i) Använd för att frosta tårtor eller cupcakes.

78. Sockervaddsglasyr med vit choklad

INGREDIENSER:
- 1 kopp vita chokladchips
- 2 msk mjölk
- 2 msk sockervaddssmaksättningssirap
- Sockervadd för garnering (valfritt)

INSTRUKTIONER:
a) Värm vita chokladchips och mjölk i en mikrovågssäker skål i 30 sekunders intervall, rör om emellan, tills den smält och slät.
b) Rör i sockervaddssmaksättningssirap tills det är väl blandat.
c) Om glasyren är för tjock, tillsätt mer mjölk, 1 tsk i taget, tills önskad konsistens uppnås.
d) Ringla glasyren över kakor, kakor eller bakverk.
e) Om så önskas, garnera med små bitar sockervadd.

79. Sockervadd Royal Icing

INGREDIENSER:
- 2 koppar strösocker
- 2 msk marängpulver
- 3 matskedar vatten
- 1/4 kopp sockervaddssmaksättande sirap
- Sockervadd för garnering (valfritt)

INSTRUKTIONER:
a) I en mixerskål, vispa ihop strösocker och marängpulver.
b) Tillsätt gradvis vatten och sockervaddssmaksättningssirap, blanda tills det är slätt och glansigt.
c) Om glasyren är för tjock, tillsätt mer vatten, 1 tsk i taget, tills önskad konsistens uppnås.
d) Överför glasyren till en spritspåse försedd med en liten rund spets.
e) Använd för att dekorera kakor, kakor eller andra bakverk.
f) Om så önskas, garnera med små bitar sockervadd.

80. Sockervadd Ganache

INGREDIENSER:
- 1 kopp tung grädde
- 8 oz vit choklad, hackad
- 1/4 kopp sockervaddssmaksättande sirap
- Sockervadd för garnering (valfritt)

INSTRUKTIONER:
a) Värm den tunga grädden på medelvärme i en kastrull tills den börjar sjuda.
b) Lägg den hackade vita chokladen i en värmesäker skål.
c) Häll den varma grädden över den vita chokladen och låt stå i 2-3 minuter för att mjuka upp chokladen.
d) Vispa försiktigt blandningen tills chokladen är helt smält och slät.
e) Rör i sockervaddssmaksättningssirapen tills den är väl blandad.
f) Låt ganachen svalna något innan du använder den som glasyr eller frosting.
g) Om så önskas, garnera med små bitar sockervadd innan ganachen stelnar.
h) Använd ganachen för att ringla över kakor, cupcakes eller desserter för en läcker sockervaddssmak.

DRYCK

81. Sockervadd Martini

INGREDIENSER:
- 1 ½ uns vanilj vodka
- 1 uns hallonvodka
- 1 ½ uns sockervaddssirap
- 1-ounce halv-och-halva

INSTRUKTIONER:
a) Rimma ett kylt martini- eller coupéglas med slipsocker.
b) Fyll en shaker med is och tillsätt cocktailingredienserna.
c) Täck shakern och skaka tills blandningen är kall.
d) Sila cocktailen i det förberedda glaset.
e) Garnera med godis.

82. Sockervadd Margarita

INGREDIENSER:

- 15 gram sockervadd + en liten klick till garnering
- ½ uns limejuice (cirka ½ lime)
- Socker, för kantning
- 1 uns tequila Blanco
- 1 uns trippelsek
- 1 uns UV Cake Vodka

INSTRUKTIONER:

a) Fyll shakern till hälften med is.
b) Tillsätt 15 gram sockervadd till shakern.
c) Tillsätt limejuice i shakern.
d) Fukta glaskanten med den använda limehalvan och kant den med socker.
e) Fyll glaset med is.
f) Tillsätt resten av ingredienserna i cocktailshakern.
g) Skaka kraftigt i femton sekunder.
h) Sila, garnera med en liten klick sockervadd och servera.

83. Sockervadd Milkshake Shots

INGREDIENSER:
- 2 pints vaniljglass ELLER sockervaddsglass
- 1 ½ koppar sockervadd (valfri färg)
- ½ kopp kall mjölk, plus mer om det behövs
- 1 tsk vaniljextrakt
- ¼-½ kopp vodka (valfritt)
- Sockervadd, till garnering
- Smält vit choklad (valfritt)
- Strössel (valfritt)

INSTRUKTIONER:
a) För att kanta glaset med strössel, doppa varje snapsglas i smält vit choklad och rulla sedan i strössel. Ställ in i frysen.
b) I en mixer, kombinera glass, sockervadd, mjölk, vanilj och vodka (om du använder). Mixa tills det är slätt.
c) Fördela milkshaken mellan 6 snapsglas.
d) Toppa var och en med sockervadd och drick omedelbart.

84.Sockervaddskaffe

INGREDIENSER:
- 2 shots espresso
- 1 kopp mjölk
- 1 näve isbitar
- 1 näve sockervadd

INSTRUKTIONER:
a) I ett glas med isbitar, häll önskad mängd mjölk.
b) Forma försiktigt sockervadden till en boll som är något större än glasets topp. Stick in ett spett genom mitten av sockervaddsbollen och vila den på glaset.
c) Häll långsamt den varma espresson över sockervadd.
d) Blanda väl och servera genast. Njut av den härliga kombinationen av kaffe och sockervadd.

85. Sockervadd Frappuccino

INGREDIENSER:
- 1 kopp is
- 1 dl mjölk
- 3 dl vaniljglass
- 2 msk hallonsirap
- Vispgrädde
- Glukossirap
- Vitt strössel

INSTRUKTIONER:
a) Tillsätt en liten mängd majssirap på en pappershandduk och gnugga försiktigt kanten på två glas. Häll strössel på fälgarna eller muddra fälgarna i strössel spridda på en tallrik. Avsätta.
b) I en mixer, kombinera is, mjölk, glass och hallonsirap. Mixa tills det är slätt.
c) Häll blandningen i förberedda glas.
d) Toppa med vispad grädde och servera.

86.Bär sockervadd Cocktail

INGREDIENSER:
- 2 uns vanilj vodka
- 3 uns tranbärsjuice
- ½ uns enkel jordgubbssirap
- ½ uns färskpressad citronsaft
- Is
- Rosa sockervadd till garnering

INSTRUKTIONER:
a) I en cocktailshaker, tillsätt is, vaniljvodka, tranbärsjuice, enkel jordgubbssirap och citronsaft.
b) Skaka för att kyla.
c) Sila i ett stenglas över färsk is.
d) Garnera med en fluff rosa sockervadd.

87.Cherry sockervadd Cocktail

INGREDIENSER:
- 1 stort fluffigt vitt, rött eller rosa sockervadd
- 2 uns körsbärsvodka
- 1-ounce grenadin
- Is
- Citron-lime soda till toppen
- Körsbär till garnering

INSTRUKTIONER:
a) Fyll tre fjärdedelar med sockervadd i ett highball-glas.
b) Fyll det återstående utrymmet med is.
c) Tillsätt is, körsbärsvodka och grenadin.
d) Rör om kort för att blanda.
e) Toppa med citron-lime soda.
f) Garnera med körsbär.

88.Drömmande Cotton Candy Martini

INGREDIENSER:
- 1½ uns rosé
- 1 uns Aperol
- 1 uns lemonad
- Is
- Sockervadd till garnering

INSTRUKTIONER:
a) Kyl ett martiniglas eller coupé.
b) Tillsätt is, rosé, Aperol och lemonad i en cocktailshaker.
c) Skaka för att kyla.
d) Sila ner i det kylda glaset.
e) Garnera med sockervadd.

89. Fairy Floss Martini

INGREDIENSER:
- 2 uns vanilj vodka
- 1 uns vattenmelonjuice
- ½ uns granatäpplejuice
- ½ uns färskpressad citronsaft
- Is
- Sockervadd till garnering

INSTRUKTIONER:
a) Kyl ett martiniglas eller coupé.
b) Tillsätt is, vaniljvodka, vattenmelonjuice, granatäpplejuice och citronsaft i en cocktailshaker.
c) Skaka för att kyla.
d) Sila upp i kylt glas.
e) Garnera med sockervadd.

90.Soda Candy Cream Soda

INGREDIENSER:
- 1/4 kopp sockervaddssmaksättande sirap
- Gräddläsk
- Isbitar
- Sockervadd till garnering

INSTRUKTIONER:
a) Fyll ett glas med isbitar.
b) Häll sockervaddssmaksättningssirap i glaset.
c) Toppa med cream soda.
d) Garnera med en liten bit sockervadd.
e) Rör om försiktigt och njut av din krämiga och söta sockervaddsläsk!

91.Mousserande sockervaddsspridare

INGREDIENSER:
- 1-ounce gin
- ½ uns färskpressad citronsaft
- ¼ uns enkel sirap
- Is
- Prosecco till toppen
- Sockervadd till garnering

INSTRUKTIONER:
a) Kyla en champagneflöjt.
b) I en cocktailshaker, tillsätt is, gin, citronsaft och enkel sirap.
c) Skaka för att kyla.
d) Sila ner i det kylda glaset.
e) Toppa med prosecco.
f) Garnera med sockervadd.

92.Blue Lagoon sockervaddscocktails

INGREDIENSER:
- Sockervaddsfluff
- 1 uns vodka eller vit rom
- 1-ounce blå curaçao
- 3 uns lemonad
- ½ uns limoncello
- Is

INSTRUKTIONER:
a) Fyll ett stenglas tre fjärdedelar av vägen med sockervadd.
b) Fyll det återstående utrymmet med is.
c) Tillsätt is, vodka, blå curaçao, lemonad och limoncello i en cocktailshaker.
d) Skaka för att kyla.
e) Sila ner i det förberedda stenglaset.

93. Sockervadd varm choklad

INGREDIENSER:
- 2 dl mjölk
- 1/4 kopp vita chokladchips
- Sockervadd till garnering

INSTRUKTIONER:
a) Värm mjölken på medelvärme i en kastrull tills den är varm men inte kokar.
b) Rör ner de vita chokladbitarna tills de smält och slät.
c) Häll den varma chokladen i muggar.
d) Garnera varje mugg med en liten bit sockervadd precis innan servering.
e) Rör sockervadd i den varma chokladen för en söt och krämig behandling.

94.Sockervadd Milkshake

INGREDIENSER:
- 2 dl vaniljglass
- 1/2 kopp mjölk
- 1/4 kopp sockervadd sirap
- Vispad grädde (valfritt)
- Sockervadd för garnering (valfritt)

INSTRUKTIONER:
a) I en mixer, kombinera vaniljglass, mjölk och sockervaddssirap.
b) Mixa tills det är slätt och krämigt.
c) Häll upp i glas.
d) Toppa med vispad grädde och garnera med sockervadd om så önskas.
e) Servera omedelbart och njut av din sockervaddsmilkshake!

95. Sockervadd Sparkler

INGREDIENSER:
- 3 uns vodka
- ½ tsk Amoretti sockervadd smaksättning
- Kolsyrat vatten, till toppen

FÖR GARNERING
- Rosa slipsocker
- Glukossirap
- Sockervadd

INSTRUKTIONER:
a) Förbered först dina koppar. Doppa majssirap runt kanten på glaset och rulla den i det rosa slipsockret.
b) Blanda vodka och sockervadd i en shakerflaska. Skaka väl för att kombinera.
c) Häll vodkablandningen i det förberedda glaset.
d) Toppa cocktailen med kolsyrat vatten för ett uppfriskande brus.
e) Garnera kanten med sockervadd för en söt och nyckfull twist.
f) Njut av din Cotton Candy Sparkler Cocktail!

96.Sockervadd Ananas läsk

INGREDIENSER:

- 1 kopp citron-lime läsk
- 1/4 kopp ananasjuice
- 1/4 kopp sockervaddssmaksättande sirap
- Isbitar
- Sockervadd till garnering

INSTRUKTIONER:

a) Fyll ett glas med isbitar.
b) Häll citron-lime soda och ananasjuice över isen.
c) Rör i sockervaddssmaksättningssirapen tills den är väl blandad.
d) Garnera med en liten bit sockervadd på glasets kant.
e) Servera omedelbart och njut av din uppfriskande sockervaddsmocktail!

97.Sockervadd Iced Tea

INGREDIENSER:

- 1 kopp bryggt iste, kylt
- 1/4 kopp sockervaddssmaksättande sirap
- Isbitar
- Sockervadd till garnering

INSTRUKTIONER:

a) Kombinera det kylda bryggda isteet och sockervaddssmaksättningssirapen i ett glas.
b) Tillsätt isbitar i glaset.
c) Rör om tills det är väl blandat.
d) Garnera med en liten bit sockervadd.
e) Servera omedelbart och njut av ditt söta och smakrika sockervadd iste!

98.Sockervadd Punch

INGREDIENSER:
- 2 koppar ananasjuice
- 2 dl tranbärsjuice
- 1 kopp citron-lime läsk
- 1/4 kopp sockervaddssmaksättande sirap
- Isbitar
- Sockervadd till garnering

INSTRUKTIONER:
a) I en stor kanna, kombinera ananasjuice, tranbärsjuice, citron-lime soda och sockervaddssmaksättande sirap.
b) Rör om tills det är väl blandat.
c) Tillsätt isbitar i individuella glas.
d) Häll punschen över isen.
e) Garnera varje glas med en liten bit sockervadd.
f) Servera omedelbart och njut av din livfulla och smakrika sockervadd!

99.Sockervadd Lemonad

INGREDIENSER:
- 1-liters lemonad
- 3 matskedar sockervadd
- Is

INSTRUKTIONER:
a) Häll saften i en stor kanna.
b) Rör i sockervadd tills det är helt upplöst i lemonaden.
c) Häll den sockervadd som innehåller lemonad över is.
d) För en extra touch av kul, toppa med sockervadd precis innan du dricker.
e) Se till att lägga till det i sista sekund eftersom det kommer att lösas upp snabbt.

100.Sockervaddsmocktail

INGREDIENSER:

DEKORATIONER FÖR CUP-FÅLEN:
- limeklyftor
- ¼ kopp strössel eller dekorationssocker

DRYCK:
- 3 oz. sockervadd
- 12 oz. citron-lime soda

GARNIER:
- 3 oz. av sockervadd
- körsbär valfritt

INSTRUKTIONER:

ATT PYRA FÄLGEN: (VALFRITT)
a) Skär en klyfta lime och skär upp den i mitten.
b) Häll strössel på en liten tallrik, tillräckligt djup för att täcka kanten på en kopp.
c) Använd limeklyftan för att fukta bägarens kant genom att skjuta den hela vägen runt.
d) Vänd koppen upp och ner i tallriken med strössel så att de täcker kanten.

GÖR DRYCKEN:
e) Placera försiktigt lite sockervadd i botten av koppen, justera mängden baserat på koppens storlek.
f) Häll läsk över sodan och se hur den löses upp i sodan.
g) Dekorera med mer sockervadd ovanpå koppen och lägg till ett sugrör. Se till att dekorativ sockervadd inte vidrör vätskan för att förhindra snabb upplösning.

SLUTSATS

När vi kommer till slutet av "DEN VACKRA KOKBOKEN FÖR KOKBOKEN" hoppas vi att du har njutit av att utforska den nyckfulla världen av sockervaddsinspirerade desserter och upptäcka nya sätt att skämma bort din söta tand. Från fluffiga cupcakes och krämiga milkshakes till dekadenta brownies och delikata macarons, recepten i den här kokboken erbjuder ett lockande utbud av söta fantasier att glädja och inspirera.

Vi uppmuntrar dig att experimentera med olika smaker, färger och tekniker för att göra dessa recept till dina egna. När allt kommer omkring ligger skönheten med sockervadd i dess mångsidighet och förmåga att väcka fantasin. Så var inte rädd för att vara kreativ och låt dina söta drömmar flöda.

Tack för att du följde med oss på detta läckra äventyr. Må dina dagar vara fyllda med livfulla smaker, delikata snurrar av fluffighet och massor av sött överseende. Glad matlagning!